Neuhäuser

Steuern in der psychotherapeutischen Praxis

Steuern in der psychotherapeutischen Praxis

von

Anna Neuhäuser

6., neu bearbeitete Auflage

Psychotherapeuten Verlag

Bibliografische Informationen der Deutschen Nationalbibliothek

Die Deutsche Nationalbibliothek verzeichnet diese Publikation in der Deutschen Nationalbibliografie; detaillierte bibliografische Daten sind im Internet über http://dnb.d-nb.de abrufbar.

Bei der Herstellung des Werkes haben wir uns zukunftsbewusst für umweltverträgliche und wiederverwertbare Materialien entschieden.
Der Inhalt ist auf elementar chlorfreiem Papier gedruckt.

ISBN 978-3-86224-042-5

medhochzwei Verlag GmbH
Alte Eppelheimer Str. 42/1
DE-69115 Heidelberg
info@medhochzwei-verlag.de

www.medhochzwei-verlag.de

Satz: Reemers Publishing Services GmbH, Krefeld
Druck: ADverts printing house, Riga
Titelbild: #2168858825, Daenin/shutterstock.com

Vorwort

Liebe Psychotherapeutinnen und Psychotherapeuten[1],

heute halten Sie die sechste Auflage der aktualisierten Steuerbroschüre in Ihren Händen.

Die an das Finanzamt zu leistenden Abgaben stellen für jeden erwerbstätigen Psychotherapeuten, egal ob angestellt oder selbstständig, eine wesentliche Beschneidung der verfügbaren Mittel dar.

Ich möchte Sie mit „Steuern in der psychotherapeutischen Praxis“ verständlich und umfassend über die verschiedenen Aspekte der Besteuerung für angestellte sowie in eigener Praxis tätige Psychotherapeuten informieren und Ihnen Hilfestellung bei der Orientierung im Dickicht des Steuerwesens geben. Außerdem möchte ich Ihnen steuerliche Gestaltungsmöglichkeiten aufzeigen.

Neben der Aktualisierung der steuerlichen Entwicklung bis zum Jahr 2024 habe ich in dieser Auflage insbesondere die Besonderheiten bei Kooperationen, die PKW-Versteuerung sowie die Änderungen zum Home-Office ergänzt.

Noch ein Hinweis: Die vorliegende Broschüre ersetzt nicht den Besuch beim Steuerberater, kann Ihnen aber Hilfestellung geben, um das Gespräch mit dem Steuerberater sinnvoll vorzubereiten.

Krefeld, im Herbst 2024

Anna Neuhäuser

1 In der vorliegenden Broschüre wird zur besseren Lesbarkeit das generische Maskulin verwendet. Die verwendeten Personenbezeichnungen beziehen sich auf alle Geschlechter.

Inhaltsverzeichnis

1 Einleitung

Mit den laufenden Lohnsteuer- oder Einkommensteuerzahlungen, ggf. auch mit Gewerbesteuer- und Umsatzsteuerzahlungen wird die Liquidität eines Psychotherapeuten erheblich beschnitten. 1

Die steuerlichen Rahmenbedingungen für Psychotherapeuten ändern sich beinahe jährlich. 2

Wie die Arztzahlstatistik der KBV zeigt, sind rund 63,6 % aller Vertragspsychotherapeutinnen und Vertragspsychotherapeuten in Teilzeit tätig[1]. 3

Der nachstehende Beitrag soll zeitnah und konzentriert auf die für Psychotherapeuten wesentlichen Regelungen zur Besteuerungssituation 2024 (Rechtsstand 30.10.2024) hinweisen und Hilfestellung bei der Orientierung im Dickicht der Ermittlung von steuerlichen Grundlagen geben. Zugleich sollen Anregungen für das Gespräch mit dem Berater bei der steuerlichen Gestaltung zukünftiger Sachverhalte vermittelt werden. 4

2 Besteuerung des angestellten Psychotherapeuten

2.1 Grundlagen und verfahrensrechtliche Regelungen

Psychotherapeuten können ihre Tätigkeiten sowohl in eigener Praxis als auch in Anstellung bei Kollegen, in Krankenhäusern oder anderen öffentlichen und privaten Gesundheitseinrichtungen erbringen. 5

Mit dem Vertragsarztrechtsänderungsgesetz wurden seit 2007 zudem neue Möglichkeiten eröffnet, selbstständige und unselbstständige Tätigkeiten auch nebeneinander auszuüben. 6

Erbringt der Psychotherapeut seine Tätigkeiten gegenüber verschiedenen Auftraggebern, ist eine genaue Qualifizierung der einzelnen Tätigkeiten im Rahmen der Einkommensbesteuerung notwendig. Dies auch deswegen, weil die Fragen der Art der Ermittlung der Einkünfte sowie der Erhebung der Einkommensteuer für selbstständige und unselbstständige Tätigkeiten unterschiedlich gehandhabt werden. 7

Einkünfte aus der **selbstständigen** Tätigkeit werden in § 18 EStG definiert. Der Psychotherapeut erzielt selbstständige Einkünfte, wenn er im Rahmen seiner beruflichen Tätigkeit auf eigene Rechnung und in eigenem Namen nachhaltig nach außen auftritt. 8

1 KBV, Praxisnachrichten, Arztzahlstatistik 2021: Größte Zuwächse bei Psychologischen Psychotherapeuten – Trend zur Anstellung hält an.

9 Der Begriff der **unselbstständigen** Tätigkeit wird in § 1 Abs. 2 LStDV charakterisiert. Hiernach liegt im Gegensatz zur selbstständigen Tätigkeit eine unselbstständige Tätigkeit vor, wenn ein Angestellter einem Arbeitgeber seine Arbeitskraft schuldet. Er hat den Weisungen des Arbeitgebers zu folgen und erhält einen Arbeitslohn aus seinem Dienstverhältnis. Folgende Merkmale können den Begriff Dienstverhältnis weiter beschreiben:

- Weisungsgebundenheit hinsichtlich Inhalt, Ort und Zeit der Tätigkeit
- Feste Arbeitszeiten
- Feste Bezüge
- Urlaubsanspruch
- Fortzahlung der Bezüge im Krankheitsfall
- Kein Unternehmerrisiko
- Keine Unternehmerinitiative
- Kein Kapitaleinsatz
- Eingliederung in einen bestehenden Betrieb
- Überstundenvergütung

10 In der Regel sind die Merkmale der Tätigkeit in einem Dienst- / (Arbeits-)vertrag beschrieben, der die rechtliche Basis des Arbeitsverhältnisses zwischen Arbeitnehmer und Arbeitgeber beschreibt. Der Arbeitsvertrag sollte grundsätzlich schriftlich dokumentiert werden. Aufgrund des Nachweisgesetzes ist ohnehin jeder Arbeitgeber verpflichtet, die wesentlichen Vertragsbedingungen aufzuzeichnen und eine Niederschrift dem Arbeitnehmer zu überlassen.

11 Nach Auffassung des Bundesozialgerichts stellt bspw. die Tätigkeit einer Urlaubs- oder Abwesenheitsvertretung in der Praxis des Vertretenden regelmäßig eine unselbstständige und damit sozialversicherungspflichtige Tätigkeit dar, da der Vertreter „funktionsgerecht dienend“ in die Betriebsorganisation des Vertretenden eingebunden ist[2].

12 Handelt es sich bei der Tätigkeit um eine unselbstständige Tätigkeit, hat der Arbeitgeber des angestellten Psychotherapeuten die auf das Gehalt zu entrichtende Lohnsteuer einzubehalten und für den angestellten Psychotherapeuten abzuführen. Die vom Arbeitgeber und Arbeitnehmer zu entrichtenden Sozialversicherungsbeiträge sind durch den Arbeitgeber zu berechnen und an die zuständigen Sozialversicherungsträger abzuführen.

13 Ein angestellter Psychotherapeut kann seine Arbeitskraft mehreren Arbeitgebern zur Verfügung stellen oder neben seiner Anstellung noch selbstständig tätig sein.

14 So ist es denkbar, dass der Psychotherapeut eine (Voll-)anstellung bei einem Arbeitgeber hat und gleichzeitig noch bei einem anderen Arbeitgeber ein geringfügiges Beschäftigungsverhältnis (538-Euro-Job; ab dem 01.01.2025: 556-Euro-Job) eingeht. Für beide Arbeitsverhältnisse haben die Arbeitgeber die entspre-

2 Bundessozialgericht, Urteil vom 19.10.2021 – B 12 R 1/21 R.

chenden Beiträge abzuführen. Wird für den 538-Euro-Job eine Pauschalsteuer in Höhe von 2 % durch den Arbeitgeber abgeführt, so sind diese Einnahmen nicht erneut in der Einkommensteuererklärung des Psychotherapeuten zu erklären (vgl. TZ 19).

Ist der Psychotherapeut neben einer Anstellung noch selbstständig auf eigene Rechnung in eigener Praxis tätig oder übt eine selbstständige Nebentätigkeit aus, so sind für steuerliche Zwecke die Einnahmen und Ausgaben für die selbstständige Tätigkeit grundsätzlich getrennt von den Einnahmen und Ausgaben aus dem Arbeitsverhältnis zu erfassen und aufzuzeichnen. 15

Eine Nebentätigkeit eines eine volle Stelle innehabenden Psychotherapeuten wird nebenberuflich ausgeübt, wenn sie nicht mehr als 1/3 der Arbeitszeit eines vergleichbaren Vollzeiterwerbs in Anspruch nimmt. Für angestellte Psychotherapeuten sind u. a. folgende Nebentätigkeiten denkbar: 16

- Gutachtertätigkeiten
- Vortragstätigkeiten
- Verbandstätigkeiten
- Schriftstellerische Tätigkeiten oder Lehrtätigkeiten
- Prüfungstätigkeiten

Geht der Psychotherapeut im Rahmen seiner Tätigkeiten mehrere Beschäftigungsverhältnisse ein, so hat er im Rahmen jeder Anstellungstätigkeit auch seine eigene Steueridentifikationsnummer vorzulegen. Die Lohnsteuerkarte wurde durch die elektronische Datenübermittlung (ELStAM) ersetzt. Dabei ist zu beachten, dass die auf der ELStAM gewährten Freibeträge bei der Besteuerung ab der zweiten Beschäftigung (Steuerklasse VI) nicht mehr greifen. Dies bedeutet, dass ab dem zweiten lohnsteuerpflichtigen Arbeitsverhältnis eine Besteuerung im Lohnsteuerverfahren bereits ab dem ersten verdienten Euro eintritt. 17

Ehegatten, die beide Arbeitnehmer sind, können ab dem Kalenderjahr 2010 für den Lohnsteuerabzug das sog. Faktorverfahren nutzen. Statt die Steuerklassen III und V oder die Steuerklassen IV und IV zu kombinieren, können sie dann auch die Kombination aus den Steuerklassen IV und IV mit Faktor wählen (§ 39f EStG). Mit dem Faktor werden steuerentlastende Vorschriften und das Ehegattensplitting bereits beim Lohnsteuerabzug berücksichtigt. Damit können insbesondere die bei der Kombination III mit V oftmals zu beobachtenden Nachzahlungen vermieden werden. Zum 01.01.2030 sollen die Steuerklassen III und V abgeschafft werden. 18

Wird die Beschäftigung in Form einer kurzfristigen (nicht regelmäßigen) oder geringfügig entlohnten Beschäftigung ausgeübt, kann eine Pauschalierung der Lohnsteuer unter Verzicht auf den Abruf von elektronischen Lohnsteuerabzugsmerkmalen in Betracht kommen (§ 40a EStG). Eine kurzfristige Beschäftigung in diesem Sinne liegt vor, wenn der Arbeitnehmer bei dem Arbeitgeber nicht mehr als 18 zusammenhängende Arbeitstage beschäftigt wird und der Arbeitslohn 19 während der Beschäftigungsdauer 150 EUR (bis 2022: 120 EUR) durchschnittlich je Arbeitstag nicht übersteigt (max. 19 EUR Stundenlohn; bis 2022 max. 15 EUR Stundenlohn) oder die Beschäftigung zu einem unvorhersehbaren Zeitpunkt sofort erforderlich wird. In diesem Fall kann ohne Vorlage einer Lohnsteuerkarte eine pauschale Lohnsteuer in Höhe von 25 % entrichtet werden. Eine geringfügige Beschäftigung liegt vor, wenn der Arbeitslohn je Monat 538 EUR (sog. Mini-Job) nicht überschreitet. In diesem Fall beträgt die pauschale Lohnsteuer 2 %. Die pauschale Lohnsteuer ist vom Arbeitgeber zu tragen, d. h. der Arbeitnehmer erhält eine Auszahlung in Höhe des Bruttolohns. Der so pauschal versteuerte Arbeitslohn bleibt bei der Veranlagung des angestellten Psychotherapeuten zur Einkommensteuer dann außer Ansatz.

20 Eine geringfügige Beschäftigung (538-Euro-Job, ab 01.01.2025: 556-Euro-Job) ist abgesehen von den besonderen Regelungen in der Rentenversicherung grundsätzlich sozialversicherungsfrei. Der Arbeitgeber muss jedoch neben der pauschalen Lohnsteuer regelmäßig noch pauschale Beiträge zur Sozialversicherung in Höhe von rund 29 % des Verdienstes (13 % pauschale Krankenversicherung, 15 % pauschale Rentenversicherung), Umlagen zur gesetzlichen Krankenversicherung (1,34 %) und eine Insolvenzgeldumlage (0,06 %) sowie Beiträge zur gesetzlichen Unfallversicherung zahlen. Der angestellte Minijobber zahlt neben dem Beitrag des Arbeitgebers einen zusätzlichen Pflichtbeitrag zur Rentenversicherung (3,6 %) und erwirbt hiermit Rentenansprüche. Auf Antrag kann sich der Minijobber von der Zahlung des Beitrags zur Rentenversicherung befreien lassen.

21 Eine geringfügige Beschäftigung (538-Euro-Job, ab 01.01.2025: 556-Euro-Job) kann neben einer nicht geringfügigen Beschäftigung oder einer selbstständigen Tätigkeit ausgeübt werden.

22 Auch bei einer geringfügigen Beschäftigung ist der Mindestlohn von zurzeit 12,41 EUR (ab 01.01.2025: 12,82 EUR) zugrunde zu legen. Der Arbeitgeber hat Aufzeichnungen über die Arbeitszeiten zu führen, die regelmäßig im Rahmen einer Sozialversicherungsprüfung vorgelegt werden müssen.

2.2 Einnahmen

23 Der angestellte Psychotherapeut bezieht Arbeitslohn, den er in der Steuererklärung als Einkünfte aus nicht selbstständiger Tätigkeit anzugeben hat (Eine Ausnahme bildet die Einnahme aus einem pauschal versteuerten Minijob, siehe TZ 19).

24 Bei der Ermittlung der Einkünfte aus nicht selbstständiger Tätigkeit ist nach § 19 EStG der Arbeitslohn zu erfassen. Arbeitslohn sind nach § 19 Abs. 1 EStG und § 2 LStDV grundsätzlich alle Einnahmen in Geld oder Geldeswert, die durch das Arbeitsverhältnis veranlasst sind.

Zum Arbeitslohn zählen das **laufende Grundgehalt** in Form von Geld oder Sachbezügen sowie sämtliche Zuschläge (z. B. für Mehrarbeit, Urlaubs- und Weihnachtsgeld, vermögenswirksame Leistungen). 25

Nicht zum Arbeitslohn gehören sog. **Aufmerksamkeiten** (R 19.6. LStR 2023) sowie andere Leistungen des Arbeitgebers, die er ganz überwiegend im betrieblichen Interesse erbringt. Hierunter fallen z. B. betriebliche Fort- und Weiterbildungskosten im üblichen Rahmen (R 19.7 LStR 2023) sowie Zuwendungen bei Betriebsveranstaltungen (begrenzt auf jährlich zwei Veranstaltungen mit Aufwendungen von jeweils maximal 110 EUR je Arbeitnehmer). 26

Sachbezüge, wie z. B. unentgeltliche oder verbilligte Mahlzeiten, Gutscheine oder Geldkarten, ausschließlich zum Bezug von Waren oder Dienstleistungen, sind Arbeitslohn, der grundsätzlich lohn- und sozialversicherungspflichtig ist. Sofern diese Sachbezüge monatlich nicht mehr als 50 EUR betragen, können sie jedoch unter bestimmten Voraussetzungen[3] lohnsteuer- und sozialabgabenfrei gewährt werden. So müssen Gutscheine und Geldkarten neben anderen Voraussetzungen[4], zusätzlich zum ohnehin geschuldeten Arbeitslohn gewährt werden, damit sie lohnsteuer- und sozialabgabenfrei bleiben. 27

Die monatliche Freigrenze darf nicht auf einen Jahresbetrag (12 × 50 EUR = 600 EUR) hochgerechnet werden. Wird die monatliche Freigrenze in einem Monat nicht ausgenutzt, kann der nicht genutzte Anteil nicht in einen anderen Monat übertragen werden. 28

Jobtickets, die zusätzlich zum ohnehin geschuldeten Arbeitslohn gewährt werden, sind seit dem 01.01.2019 steuerfrei. Eine Anrechnung auf die Freigrenze in Höhe von 50 EUR erfolgt in diesen Fällen nicht. Allerdings wird der Vorteil auf die Entfernungspauschale angerechnet. 29

Die Überlassung eines betrieblichen Fahrrads zur privaten Nutzung ist ebenfalls steuerfrei, sofern dies zusätzlich zum geschuldeten Arbeitslohn erfolgt. Dies gilt für alle Fahrräder sowie für Pedelecs, die nicht mehr als 25 km/h fahren (also keine Zulassung benötigen). 30

Wird ein betriebliches **Mobiltelefon**, Tablet oder PC – (auch) zur privaten Mitnutzung – zur Verfügung gestellt, ist dies ebenfalls steuer- und sozialabgabenfrei. 31

Wird einem Arbeitnehmer ein **Firmenwagen** nicht nur für berufliche Zwecke, sondern auch zur privaten Nutzung überlassen und übernimmt der Arbeitgeber die gesamten Kosten für den Pkw, muss der Vorteil aus der privaten Pkw-Nutzung als sonstiger Bezug versteuert werden. Dieser Vorteil wird monatlich mit 1 % des Bruttolistenpreises des überlassenen Pkw im Zeitpunkt der Erstzulassung der Lohnsteuer unterworfen. Wird das betriebliche Fahrzeug auch für Fahrten 32

3 vgl. BMF-Schreiben vom 15.03.2022 – IV C 5 – S 2334/19/10007.
4 vgl. BMF-Schreiben vom 15.03.2022- IV C 5- S 2334/19/10007, Rz. 3.

zwischen Wohnung und Arbeitsstätte genutzt, ist ein zusätzlicher geldwerter Vorteil zu berücksichtigen. Der Zuschlag wird durch eine monatliche Entfernungspauschale festgelegt. Diese beträgt je Entfernungskilometer zwischen Wohnung und Arbeitsstätte 0,03 % des Bruttolistenpreises. Fährt der Arbeitnehmer voraussichtlich an weniger als 180 Tagen zur Arbeitsstätte, lohnt es sich, datumsgenaue Aufzeichnungen über die Anzahl der Fahrten zur Arbeitsstätte zu führen. In diesen Fällen können für die Fahrten zwischen Wohnung und Arbeitsstätte 0,002 % des Bruttolistenpreises je Fahrt zur Arbeitsstätte je Entfernungskilometer zwischen Wohnung und Arbeitsstätte zugrunde gelegt werden. Sofern der angestellte Psychotherapeut ein ordnungsgemäßes Fahrtenbuch führt, aus dem sich die betrieblichen und privaten Fahrten sowie die Fahrten zwischen Wohnung und Arbeitsstätte ermitteln lassen, kann der geldwerte Vorteil aus der Pkw-Nutzung auch nach den tatsächlich auf sie entfallenden Kosten ermittelt werden (siehe TZ 160).

33 Handelt es sich bei dem überlassenen Firmenwagen um ein reines Elektrofahrzeug, dessen Bruttolistenneupreis nicht mehr als 70.000 EUR (bis zum 31.12.2023: 60.000 EUR) beträgt und das nach dem 31.12.2018 und vor dem 01.01.2031 angeschafft wurde, ist der zu versteuernde Vorteil lediglich mit 0,25 % des Bruttolistenpreises zu bewerten. Wird der Pkw auch für Fahrten zwischen Wohnung und Arbeitsstätte genutzt, ist der zusätzliche geldwerte Vorteil mit 0,03 % von einem Viertel des Bruttolistenpreises je Entfernungskilometer zwischen Wohnung und Arbeitsstätte zu berücksichtigen. Zu den Besonderheiten eines Hybridfahrzeuges vergleiche TZ 157.

34 Erbringt ein Psychotherapeut im Rahmen seines Anstellungsverhältnisses gutachterliche Leistungen, so gehören auch diese Einnahmen zu den Einnahmen aus unselbstständiger Tätigkeit. Angestellte Psychotherapeuten üben als Gutachter eine unselbstständige Tätigkeit aus, wenn die Gutachten dem Arbeitgeber (z. B. Krankenhaus oder dem Inhaber der Praxis) als Auftraggeber zugehen. Lediglich dann, wenn der angestellte Psychotherapeut selbst unmittelbar vom Auftraggeber beauftragt wird, sind die Einkünfte aus der gutachterlichen Tätigkeit als selbstständige Einkünfte (§ 18 EStG) zu erfassen.

35 Die sogenannte Inflationsausgleichsprämie in Höhe von 3.000 EUR, kann steuer- und sozialversicherungsfrei vom Arbeitgeber an den Arbeitnehmer ausgezahlt werden. Die Prämie kann in der Zeit vom 26.10.2022 bis zum 31.12.2024 gewährt werden, dabei kann der Betrag auch gesplittet werden. Auch hierbei gilt: Es muss sich um eine freiwillige zusätzliche Leistung des Arbeitgebers handeln.

36 Darf der angestellte Psychotherapeut aufgrund einer Quarantäneanordnung des Gesundheitsamtes sein Haus nicht verlassen und ist eine Arbeit von zu Hause aus nicht möglich, darf der Praxisinhaber das Gehalt des Arbeitnehmers kürzen. Der angestellte Psychotherapeut hat jedoch Anspruch auf Entschädigung nach dem Infektionsschutzgesetz. Dieser Anspruch wird vom Arbeitgeber an den Arbeitnehmer im Rahmen der Gehaltsabrechnung ausgezahlt. Der Praxisinhaber beantragt die Erstattung dann bei der zuständigen Behörde. Diese Entschädigung unterliegt jedoch beim angestellten Psychotherapeuten dem Progressionsvorbehalt und ist in der Steuererklärung anzugeben.

2.3 Werbungskosten

Werbungskosten mindern den zu besteuernden Arbeitslohn. Werbungskosten sind Aufwendungen zur Erwerbung, Sicherung und Erhaltung der Einnahmen (§ 9 Abs. 1 EStG). Sie können während oder bereits vor Beginn eines Arbeitsverhältnisses entstehen. Auch wenn das Arbeitsverhältnis nicht zustande kommt, können Werbungskosten berücksichtigt werden (vergebliche Werbungskosten). 37

Arbeitnehmer, die keine Werbungskosten nachweisen können, erhalten jährlich einen pauschalen Abzug von 1.230 EUR (bis 2022: 1.200 EUR). Dieser Arbeitnehmer-Pauschbetrag wird bereits bei der monatlichen Lohnberechnung berücksichtigt. Der Arbeitnehmer-Pauschbetrag ist ein Jahresbetrag. Er wird auch dann in voller Höhe gewährt, wenn die Berufstätigkeit nicht ganzjährig ausgeübt oder nur halbtags gearbeitet wird. Werbungskosten müssen daher nur nachgewiesen werden, wenn sie den Pauschbetrag von 1.230 EUR übersteigen. 38

Im Folgenden wird eine Auswahl von Werbungskosten vorgestellt, die häufig bei Psychotherapeuten anzutreffen sind. 39

Arbeitsmittel

Arbeitsmittel sind grundsätzlich unbeschränkt als Werbungskosten absetzbar. Dazu gehören u. a.: 40

- die Ausstattung des häuslichen Arbeitszimmers (Schreibtisch, Schreibtischstuhl, Schreibtischlampe, Bücherregal, PC nebst Nebengeräten, Telefon, Fax und andere Kommunikationsgeräte)
- PC einschließlich Nebengeräte
- Diktiergerät und Kopiergeräte
- Handy, Telefon, Fax
- Fachbücher

Grundsätzlich sind Aufwendungen für die längerfristig nutzbaren Arbeitsmittel auf die voraussichtliche Nutzungsdauer zu verteilen. Hiervon ausgenommen sind sogenannte geringwertige Wirtschaftsgüter. Dies sind Wirtschaftsgüter, deren Anschaffungskosten jeweils nicht mehr als 800 EUR (Netto) betragen und die einer selbstständigen Nutzung fähig sind. Für die Frage, ob bei den geringwertigen Wirtschaftsgütern die Grenze von 800 EUR (Netto) überschritten ist, ist stets von den Anschaffungs- und Herstellungskosten auszugehen. Geringwertige Wirtschaftsgüter dürfen im Anschaffungsjahr in voller Höhe als Werbungskosten abgesetzt werden. 41

42 Die Verteilung der Anschaffungskosten über Abschreibungen auf eine betriebsgewöhnliche Nutzungsdauer muss somit nur für solche Arbeitsmittel durchgeführt werden, deren Anschaffungskosten über 800 EUR (Netto) liegen. Ihre Abschreibung erfolgt dann zeitanteilig über die betriebsgewöhnliche Nutzungsdauer. Die Nutzungsdauer ist vom Gesetzgeber in amtlichen Tabellen festgelegt.

43 Ab dem 01.01.2021 wird für Computerhardware sowie für Betriebs- und Anwendersoftware zur Dateneingabe und -verarbeitung – unabhängig von der Höhe der Anschaffungskosten – eine Nutzungsdauer von einem Jahr zugrunde gelegt. Dies umfasst beispielsweise Notebooks, Desktop-Computer, Beamer oder Drucker[5]. Mobiltelefone werden hiervon nicht erfasst.

Ausbildungskosten

44 Ausbildungskosten haben nahezu alle Steuerpflichtigen. Sie gehören nach der ständigen Rechtsprechung – letztmalig durch das Bundesverfassungsgericht[6] – zu den Kosten der privaten Lebensführung. Ein Abzug als Werbungskosten ist bei erstmaliger Berufsausbildung nur dann möglich, wenn die Ausbildung im Rahmen eines bestehenden Arbeitsverhältnisses stattfindet.[7] Dann sind die Kosten einer erstmaligen Ausbildung (z. B. für ein Studium) als Werbungskosten unbeschränkt abzugsfähig. Dies wäre beispielsweise bei einem dualen Studium der Fall oder bei einer Ausbildung im Rahmen eines Berufsausbildungsverhältnisses gem. § 1 Abs. 3, §§ 4 bis 52 BBiG.

45 Kein Arbeitsverhältnis liegt vor, wenn die Berufsausbildung oder das Studium nicht Gegenstand des Arbeitsverhältnisses ist, auch wenn das Studium seitens des Arbeitgebers bspw. durch ein Stipendium gefördert wird[8].

46 Die Abgrenzung der Werbungskosten von den Kosten der Lebensführung hat das BMF[9] geregelt. Nach § 12 Nr. 5 EStG gehören nunmehr sämtliche Kosten für die erstmalige Berufsausbildung, die nicht in engem Verbund mit einem Arbeitsverhältnis stehen, zu den Kosten der privaten Lebensführung. Ein Abzug wird für diese Kosten bis 6.000 EUR pro Jahr als Sonderausgaben zugelassen. Hierzu zählen u. a. die Gebühren für das Studium, die Fachliteratur, die Fahrtkosten im Rahmen von Fahrten zwischen Wohnung und Ausbildungsstätte, Gebühren für sonstige Lehrgänge sowie die Arbeitsmittel.

47 Allerdings können nach Auffassung des Bundesfinanzhofes[10] Aufwendungen für ein Studium als Werbungskosten abgezogen werden, wenn vorher bereits eine Berufsausbildung oder ein Studium abgeschlossen wurde. Zudem muss ein klarer Zusammenhang zwischen dem Studium und einem späteren Verdienst aus der

5 BMF-Schreiben vom 22.02.2022, IV C 3 – S 2190/21/10002.
6 BVerfG, Beschluss vom 19.11.2019 – Az. 2 BvL 22/14 u. a.
7 BMF-Schreiben vom 22.09.2010, IV C 4 -S 2227/07/10002, Rz 1.
8 BMF-Schreiben vom 22.09.2010, IV C 4 -S 2227/07/10002, Rz 27.
9 BMF-Schreiben vom 22.09.2010, IV C 4 -S 2227/07/10002.
10 BFH-Urteil vom 18.06.2009, VR 18/07, BFH/NV 2009, 1875.

angestrebten beruflichen Tätigkeit nachgewiesen werden. Unerheblich ist, welche fachliche Ausrichtung die erste Ausbildung hatte.

Aufwendungen für eine berufliche Fort- und Weiterbildung sind als Werbungskosten abzugsfähig, wenn diese nicht vom Arbeitgeber erstattet werden. Dies können bspw. die Aufwendungen für eine Bereichsweiterbildung, wie bspw. die Psychotherapie bei Diabetes, der Speziellen Schmerzpsychotherapie oder weitere Psychotherapieverfahren sein (siehe hierzu TZ 232). 48

Bewerbungskosten

Bewirbt sich ein Psychotherapeut für eine Anstellung, so sind die Aufwendungen für die Bewerbung in vollem Umfang als Werbungskosten abzugsfähig. Hierzu gehören z. B. Inserate in Zeitungen, Reisekosten usw. 49

Ein Werbungskostenabzug ist allerdings nicht möglich, wenn sich der Psychotherapeut vorübergehend oder dauernd um eine Stelle im Ausland bewirbt, da die Bewerbungskosten in diesem Fall mit keinen Einnahmen, die der deutschen Besteuerung unterliegen, in Zusammenhang stehen. 50

Doppelte Haushaltsführung

Notwendige Mehraufwendungen, die einem Psychotherapeuten durch eine aus beruflichem Anlass begründete doppelte Haushaltsführung entstehen, sind als Werbungskosten abzugsfähig. Eine doppelte Haushaltsführung liegt dann vor, wenn der Steuerpflichtige außerhalb des Ortes, an dem er seinen eigenen Haushalt unterhält, beschäftigt ist und zusätzlich auch am Beschäftigungsort wohnt. Beträgt die Entfernung zwischen Hauptwohnung und Beschäftigungsort weniger als 50 km, ist eine doppelte Haushaltsführung in der Regel nicht gegeben. 51

Zu den Mehraufwendungen für eine doppelte Haushaltsführung zählen (R 9.11 LStR 2023): 52

- Notwendige Fahrtkosten aus Anlass eines Wohnungswechsels und Fahrtkosten für wöchentliche Heimfahrten (0,30 EUR je Entfernungskilometer, ab dem 21. Entfernungskilometer 0,38 EUR)
- Pauschalbeträge zur Verpflegung für die ersten drei Monate nach Bezug der Wohnung am Beschäftigungsort
- Notwendige Ausgaben für die Zweitwohnung (bis zu 1.000 EUR monatlich), hierzu gehören grundsätzlich die Miete, die Mietnebenkosten und die Zweitwohnungssteuer
- Kosten der Wohnungsausstattung, soweit sie nicht überhöht sind
- Umzugskosten

Fahrten zwischen Wohnung und Praxis

53 Für jeden Entfernungskilometer zwischen Wohnung und Praxis kann für jeden Arbeitstag ein Betrag von 0,30 EUR als Werbungskosten abgesetzt werden (sog. Entfernungspauschale). Dabei spielt es keine Rolle, ob ein öffentliches Verkehrsmittel benutzt wird oder der eigene Pkw. Die Entfernungspauschale beträgt jährlich maximal 4.500 EUR (§ 9 Abs. 1 Nr. 4 EStG), bei Benutzung eines Pkws können jedoch auch höhere Beträge geltend gemacht werden. Ab 2022 bis 2026 wird die Entfernungspauschale ab dem 21. Entfernungskilometer auf 0,38 EUR (2021: 0,35 EUR) angehoben. Wenn eine Behinderung, insbesondere eine Bewegungsunfähigkeit im Straßenverkehr vorliegt, können die tatsächlich entstehenden Aufwendungen abgezogen werden. Sofern der Praxisinhaber/Arbeitgeber die Fahrtkosten ersetzt, sind insoweit keine Werbungskosten abziehbar.

Fachtagungen

54 Aufwendungen für die berufliche Fortbildung des Psychotherapeuten sind als Werbungskosten berücksichtigungsfähig. Abziehbar sind insbesondere Tagungsgebühren, Fahrtkosten, Übernachtungskosten und Verpflegungsmehraufwendungen. Als Fahrtkosten können die Kosten für eine Bahnfahrkarte oder ein Flugticket abgesetzt werden. Wird das eigene Fahrzeug genutzt, können für jeden gefahrenen Kilometer 0,30 EUR angesetzt werden. Die Übernachtungskosten müssen mit einer Rechnung nachgewiesen werden. Auch bei Übernachtungen im Ausland sind seit 2009 nur noch die tatsächlich nachgewiesenen Übernachtungskosten als Werbungskosten abziehbar. Zudem dürfen ab 2014 Verpflegungsaufwendungen abgezogen werden in Höhe von

- 14 EUR bei einer Abwesenheit von mindestens 8 Stunden (bis 2019: 12 EUR) oder
- 28 EUR bei einer Abwesenheit von mindestens 24 Stunden (bis 2019: 24 EUR).

55 Bei Dienstreisen ins Ausland können höhere Beträge geltend gemacht werden, die von Land zu Land unterschiedlich sind.

56 Reisen zu Fachkongressen beschäftigen immer wieder die Rechtsprechung, da die Abgrenzung zwischen privater Lebensführung und beruflich bedingten Aufwendungen Anlass für zahlreiche Rechtsstreitigkeiten war und ist. Insbesondere bei Reisen ins Ausland überprüft die Finanzverwaltung kritisch die Notwendigkeit der Aufwendungen (siehe hierzu auch TZ 247 ff.).

57 Fortbildungsaufwendungen sind dann als Werbungskosten abzugsfähig, wenn sie beruflich veranlasst sind und die private Lebensführung nicht oder nur in geringem Umfang berühren. Es muss ein objektiver Zusammenhang zu dem Beruf bestehen und die Aufwendungen müssen zur Förderung des Berufs getätigt werden. Aufwendungen können auch bei gemischt beruflich und privat veranlassten Reisen in steuerlich abziehbare Werbungskosten und nicht abziehbare Aufwendungen für die

private Lebensführung aufgeteilt werden. Voraussetzungen sind, dass die berufliche Veranlassung nicht nur von untergeordneter Bedeutung ist und die Aufwendungen voneinander abgrenzbar sind. Ein sachgerechter Aufteilungsmaßstab ist bspw. das Verhältnis der beruflich und privat veranlassten Zeitanteile. Der Reiseanlass muss sauber dokumentiert werden.

Die Entscheidung, ob berufsbedingte Aufwendungen vorliegen, ist im Einzelfall nach folgenden Kriterien zu untersuchen: **58**

- Homogener Teilnehmerkreis
- Gewährung von Dienstbefreiung oder Sonderurlaub für die Fortbildungsmaßnahme
- Zuschüsse des Arbeitgebers
- Straffe und lehrgangsmäßige Organisation
- Speziell auf die Bedürfnisse der Teilnehmer zugeschnittenes Fachprogramm

Für eine (zumindest auch) privat veranlasste Reise sprechen folgende Merkmale: **59**

- Die Mitnahme des Ehegatten oder anderer naher Angehöriger
- Die Verbindung mit einem Privataufenthalt
- Entspannende und kostspielige Beförderung z. B. durch eine Schiffsreise
- Der Besuch touristisch bevorzugter Zielorte

Home-Office-Pauschale **60**

Für die im Home-Office verbrachten Arbeitstage kann ein Betrag von 6 EUR (2020 bis 2022: 5 EUR pro Tag) pauschal pro Home-Office-Tag abgezogen werden, max. 1.260 EUR (2020 bis 2022: max. 600 EUR) pro Jahr. Dies gilt für alle Arbeitnehmer, die kein häusliches Arbeitszimmer (siehe hierzu TZ 216) geltend machen können.

Sofern für die berufliche Tätigkeit dauerhaft ein anderer Arbeitsplatz zur Verfügung steht, müssen für die Abziehbarkeit der Home-Office-Pauschale noch folgende Voraussetzungen erfüllt werden: **61**

- An dem jeweiligen Arbeitstag darf die Praxis nicht aufgesucht werden
- Hausbesuche bei Patienten führen seit dem Veranlagungsjahr 2023 nicht mehr zu einer Versagung der Home-Office-Pauschale. Allerdings muss die berufliche Tätigkeit an diesen Tagen überwiegend in der häuslichen Wohnung ausgeübt worden sein, d. h. es muss mehr als die Hälfte der tatsächlichen Arbeitszeit in der häuslichen Wohnung verrichtet werden.

Mobilitätsprämie **62**

Liegt das Einkommen unter dem Grundfreibetrag (2024: 11.604 EUR) und beträgt die Entfernung zwischen Wohnung und Praxis mehr als 20 km, kann für die Jahre 2021 bis 2026 im Rahmen der Einkommensteuererklärung eine sog. Mobilitätsprämie beantragt werden. Voraussetzung ist zudem, dass die erhöhte Entfernungspauschale zu einer Überschreitung des Arbeitnehmerpauschbetrags (2024:

1.230 EUR) führt. Die Mobilitätsprämie beträgt 14 % der erhöhten Pendlerpauschale, also 5,32 Cent ab dem 21. Kilometer.

2.4 Vorsorgeaufwendungen und Beiträge zur Altersversorgung

63 Der angestellte Psychotherapeut zahlt Beiträge zur gesetzlichen Kranken-, Pflege- und Arbeitslosenversicherung sowie Beiträge zur Absicherung seiner Altersversorgung an die deutsche Rentenversicherung. Die Arbeitnehmerbeiträge sind nicht als Werbungskosten bei der Ermittlung der Einkünfte aus nicht selbstständiger Tätigkeit (§ 19 EStG) abziehbar. Sie werden aber bei der Ermittlung des zu versteuernden Einkommens als Sonderausgaben berücksichtigt.

64 Angestellte Psychotherapeuten bleiben kraft Gesetzes pflichtversichert in der gesetzlichen Rentenversicherung und sind daneben zusätzlich pflichtversichert in dem psychotherapeutischen Versorgungswerk. Auf Antrag können sich gegenüber dem Versorgungswerk ganz oder teilweise von der Beitragspflicht befreien lassen. Eine Befreiung von der gesetzlichen Rentenversicherungspflicht ist hingegen nicht möglich. Die Beiträge zum Versorgungswerk und zur gesetzlichen Rentenversicherung sind steuerlich abzugsfähig (vgl. TZ 67 ff.).

65 Beiträge zur gesetzlichen Kranken- und Pflegeversicherung sind in der im Kalenderjahr tatsächlich gezahlten Höhe abziehbar (§ 10 Abs. 4 EStG). Bei angestellten Psychotherapeuten ist der im Rahmen der Gehaltsabrechnung vom Arbeitgeber einbehaltene Arbeitnehmerbeitrag zur Kranken- und Pflegeversicherung abziehbar. Beiträge zu einer privaten Krankenversicherung sind abziehbar, soweit sie auf eine Basisversorgung entfallen. Basisversorgung bedeutet, dass das Versorgungsniveau der gesetzlichen Krankenversicherung abgesichert wird. Die Beitragsanteile für Komfortleistungen (Chefarztbehandlung, Einbettzimmer, Heilpraktikerbehandlung, Leistungen für Zahnersatz/Implantate) sowie für ein mit versichertes Krankengeld (pauschal 4 % bei der gesetzlichen Krankenversicherung) müssen aus den Beiträgen herausgerechnet werden. Dies ermittelt die private Krankenversicherung und sie sendet dem Versicherten hierüber jährlich eine Bescheinigung zu. Zudem werden die Daten elektronisch von der Krankenversicherung an das Finanzamt übermittelt.

66 Sonstige Vorsorgeaufwendungen wie Beiträge zur privaten Haftpflicht- und Unfallversicherung, für Komfortleistungen bei der Krankenversicherung oder für Kapitallebens- und Kapitalrentenversicherungen (Vertragsabschluss vor dem 01.01.2005) sind nur abziehbar, wenn sie zusammen mit den Basiskranken- und Pflegeversicherungsbeiträgen die Summe von 1.900 EUR (3.800 EUR bei Ehepaaren) nicht überschreiten.

Beispiel
Zahlt ein Psychotherapeut jährliche Beiträge in Höhe von 4.800 EUR an seine private Basis-Kranken- und Pflegeversicherung (nach Abzug des Arbeitgeberanteils) und zusätzlich noch Beiträge in Höhe von 400 € zur privaten Haftpflicht und Unfallversicherung, kann er

4.800 EUR (die gesamten Beiträge zur privaten Basis-Kranken- und Pflegeversicherung) als Sonderausgaben abziehen. Die 400 € für die Haftpflicht- und Unfallversicherung wirken sich hingegen nicht mehr aus, da der Höchstbetrag von 1.900 EUR bereits überschritten ist. Zahlt er hingegen 1.000 € zur Basis-Kranken- und Pflegeversicherung, würden sich auch die Beiträge zur Haftpflicht- und Unfallversicherung auswirken, da der Höchstbetrag bisher nicht erreicht wurde.

Zusätzlich können Beiträge zur Altersvorsorge in begrenztem Umfang als Sonderausgaben abgezogen werden (§ 10 Abs. 1 EStG). Abziehbar sind insbesondere: **67**

- Beiträge zur gesetzlichen Rentenversicherung
- Beiträge zu berufsständischen Versorgungseinrichtungen
- Beiträge zugunsten eines privaten Vorsorgeprodukts (sog. Basis-/„Rürup"-Rente)

Beiträge zugunsten einer privaten Altersvorsorge sind nur abziehbar, wenn die erworbenen Anwartschaften nicht beleihbar, nicht vererblich, nicht übertragbar, nicht veräußerbar und nicht kapitalisierbar sind. Eine Auszahlung dieser privaten Basisrente ist nur als lebenslange monatliche Leibrente und nicht vor Vollendung des 60. Lebensjahres zulässig. **68**

Berücksichtigt werden die vom angestellten Psychotherapeuten tatsächlich geleisteten Beiträge bis zu einem variablen Höchstbetrag. Im Jahr 2024 betrug der Höchstbetrag 27.565 EUR (55.130 EUR bei zusammenveranlagten Eheleuten). Seit dem Jahr 2023 sind 100 % der Aufwendungen abziehbar. **69**

Betriebliche Altersversorgung

Betriebliche Altersversorgung liegt vor, wenn der Praxisinhaber seinen Angestellten aus Anlass des Arbeitsverhältnisses Leistungen auf eine Altersversorgung zusagt. Im Rahmen einer Entgeltumwandlung können Beiträge steuer- und sozialversicherungsfrei in eine Direktversicherung, eine Pensionskasse oder einen Pensionsfonds eingezahlt werden (§ 3 Nr. 63 EStG). Die Altersvorsorgebeiträge werden dabei unmittelbar vom Bruttolohn einbehalten und mindern das steuer- und sozialversicherungspflichtige Arbeitsentgelt. Steuerfrei sind Beiträge in Höhe von 8 % der Beitragsbemessungsgrenze zur gesetzlichen Rentenversicherung West (90.600 EUR in 2024). Die sozialversicherungsfreie Grenze liegt allerdings nur bei 4 % der o. g. Beitragsbemessungsgrenze. Es können also bis zu 3.624 EUR ohne Beiträge zur Sozialversicherung und 7.248 EUR ohne Steuerbelastung umgewandelt werden. **70**

Der Arbeitgeber ist verpflichtet, einen Zuschuss in Höhe von 15 % des umgewandelten Verdienstes, höchstens jedoch die gesparten Sozialabgaben zu zahlen. Seit dem 01.01.2022 gilt dies auch für Verträge, die vor dem Jahr 2019 abgeschlossen wurden. **71**

3 Steuerliche Aspekte des Praxiserwerbs/ der Praxisgründung

3.1 Allgemeines

72 Die Voraussetzungen für die Gründung einer psychotherapeutischen Praxis haben sich in den vergangenen Jahren durch die verschiedenen Gesundheitsreformen und die veränderten Marktgegebenheiten maßgeblich gewandelt. Einerseits ist durch die Zulassungsbegrenzung für kassenärztliche psychotherapeutische Leistungen eine Neugründung nur noch an wenigen Standorten möglich. Andererseits sind durch die Veränderungen des Standes- und Sozialrechts neue Kooperationsmöglichkeiten mit anderen Leistungserbringern im Gesundheitswesen möglich geworden.

73 Die Gründung einer psychotherapeutischen Praxis kann auf drei unterschiedliche Arten betrieben werden:

- Durch Neueröffnung einer Praxis (s. TZ 82–87)
- Durch Übernahme einer Praxis (s. TZ 90–101)
- Durch Kooperation mit anderen Praxen (s. TZ 102–115)

74 Folgende steuerliche Folgen sind zu beachten.

75 Da der selbstständige Psychotherapeut nach der Berufsordnung der Psychotherapeuten einen „Freien Beruf" ausübt, wird der in eigener Praxis tätige Psychotherapeut vom Finanzamt als sogenannter „Freiberufler" geführt und erzielt Einkünfte aus selbstständiger Arbeit. Allerdings sind hierbei auch die Voraussetzungen des § 18 EStG zu beachten (siehe hierzu auch TZ 305 ff.).

76 Je nach Einschätzung der Entwicklung des Umsatzes und der Gewinnerwartung müssen vierteljährliche Vorauszahlungen auf die zu erwartende jährliche Einkommensteuer gezahlt werden. Diese sind zu festen Terminen (10.03., 10.06., 10.09. und 10.12.) an das Finanzamt zu leisten.

77 Freiberuflich tätige Psychotherapeuten haben ihren Gewinn jährlich entweder durch eine Bilanz (§ 4 Abs. 1 EStG) oder durch eine sogenannte Einnahmen-Überschuss-Rechnung (§ 4 Abs. 3 EStG) zu ermitteln. In der Regel wird die verfahrenstechnisch einfachere Form der Gewinnermittlung durch Einnahmen-Überschuss-Rechnung gewählt, bei der im Wesentlichen nur die laufenden Einnahmen und Ausgaben aufgezeichnet werden (s. TZ 123 ff.).

78 Grundsätzlich hat der selbstständige Psychotherapeut die Grundsätze zur ordnungsgemäßen Führung und Aufbewahrung von Büchern, Aufzeichnungen und Unterlagen in elektronischer Form sowie zum Datenzugriff zu beachten (GoBD)[11].

11 BMF-Schreiben vom 28.11.2019 - IV A 4 - 0316/19/10003:001 -, BStBl I S. 1269.

Soweit Bareinnahmen vereinnahmt werden, sind diese täglich aufzuzeichnen (§ 146 Abs. 1 Satz 2 AO). Sinnvollerweise geschieht dies durch das Führen eines Kassenbuches. Hier sind auch die Barausgaben festzuhalten. 79

Für die Einnahmen und Ausgaben, die nicht bar bezahlt werden, empfiehlt es sich, ein separates Bankkonto zu eröffnen. Je nach persönlicher Präferenz kann auch ein Praxiskonto für die Einnahmen und ein separates Praxiskonto für die Praxisausgaben eröffnet werden. Zu jeder Bankbewegung sollte ein entsprechender Beleg vorliegen (bei Dauerzahlungen, wie der Miete, reicht der Mietvertrag). Diese Belegsammlung der Bankauszüge, Rechnungen, Quittungen und Verträge ist Grundlage für die Steuererklärung. 80

Die Praxiseinrichtung und andere Anlagegüter (also Gegenstände, die nicht direkt verbraucht werden, sondern länger der Praxis dienen) sind in einem Anlageverzeichnis festzuhalten und in ihrer Wertentwicklung jedes Jahr fortzuschreiben (Thema Abschreibung, siehe TZ 186 ff.). 81

3.2 Gründung einer Praxis

Wie bei jeder Gründung sind zunächst auch bei der Gründung einer psychotherapeutischen Praxis die persönlichen, fachlichen und finanziellen Voraussetzungen zu prüfen. Praxisräume, Praxiseinrichtung, Personal und Material sollten sorgfältig geplant werden. In einem Businessplan können erwartete Einnahmen und Kosten gegenübergestellt werden, um so die finanziellen Möglichkeiten und Grenzen von vornherein realistisch einzuschätzen. 82

Die Gründung einer Praxis ist dem zuständigen Finanzamt zeitnah anzuzeigen. Seit dem 01.01.2022 ist eine elektronische Übermittlung des Fragebogens zur steuerlichen Erfassung vorgeschrieben, dies kann über das Online-Portal des Finanzamtes (www.elster.de) erfolgen. Nach der Abgabe eines Fragebogens zur Begründung der freiberuflichen Tätigkeit erhält der Praxisinhaber vom Finanzamt eine neue Steuernummer. 83

Werden neben psychotherapeutischen Leistungen auch umsatzsteuerpflichtige Leistungen (z. B. Vortragstätigkeiten) erbracht, sind neben der Einkommensteuer auch jährliche, vierteljährliche oder monatliche Voranmeldungen zur Umsatzsteuer einzureichen, sofern nicht von der Kleinunternehmerregelung (siehe TZ 347) Gebrauch gemacht wird. 84

In den Umsatzsteuervoranmeldungen ist der jeweilige Jahres-, Quartals- oder Monatsumsatz und die darauf fällige Umsatzsteuer von 19 % auszuweisen. Gezahlte Umsatzsteuer für Eingangsrechnungen, die im Zusammenhang mit diesen steuerpflichtigen Leistungen stehen, können von der an das Finanzamt abzuführenden Umsatzsteuer als sogenannte Vorsteuer abgesetzt werden. Des Weiteren kann die gezahlte Umsatzsteuer für Eingangsrechnungen, die nicht eindeutig den umsatzsteuerpflichtigen oder umsatzsteuerfreien Erlösen zuzuordnen ist (bspw. Einkauf 85 von Büromaterial), zu dem Anteil angerechnet werden, den die steuerpflichtigen Erlöse von dem Gesamtumsatz ausmachen (siehe auch TZ 329 ff.).

86 Kosten, die im unmittelbaren Zusammenhang mit der Eröffnung der Praxis und der Aufnahme der Tätigkeit vor Beginn der Praxis anfallen, gehören als sogenannte vorweggenommene Betriebsausgaben ebenfalls zu den Aufwendungen der Praxis. Hierzu gehören u. a. Fahrtkosten zur Standortsuche, Beratungskosten für den Rechtsanwalt oder den Steuerberater, Mietzahlungen vor Aufnahme der Tätigkeit, Inserate für Personal usw. Diese Kosten werden unabhängig vom Zeitpunkt der Eröffnung der Praxis in der Steuererklärung des Jahres berücksichtigt, in dem diese Ausgaben angefallen sind. Der Kauf von Praxiseinrichtungsgegenständen wird dagegen in der Regel über die Absetzung für Abnutzung (Abschreibung) ab dem Zeitpunkt der Praxiseröffnung berücksichtigt (vgl. TZ 191 ff.).

87 Erwirbt der Psychotherapeut isoliert eine Kassenzulassung, wird eine Abschreibung nicht möglich sein (siehe hierzu Kapitel 3.4.3).

3.3 Gründung im Nebenerwerb

88 Möchte der angestellte Psychotherapeut erst mal nur in Teilzeit seine eigene Praxis betreiben, bspw. um das mit der Gründung im Zusammenhang stehende finanzielle Risiko abzumildern oder um die Tätigkeit besser mit dem Familienleben zu vereinbaren, kann er dies mit einer Teilzulassung verwirklichen. So kann er bspw. halbtags im Krankenhaus arbeiten und in der übrigen freien Zeit freiberuflich in eigener Praxis.

89 Der in Teilzeit in eigener Praxis tätige Psychotherapeut hat die gleichen steuerlichen Pflichten zu erfüllen wie der in Vollzeit in eigener Praxis tätige Psychotherapeut.

3.4 Übernahme einer Praxis

3.4.1 Haftung für Steuerschulden

90 Wird eine psychotherapeutische Praxis übertragen, so haftet der übernehmende Psychotherapeut nach der Abgabenordnung (§ 75 AO) für bestimmte Steuern, die aus dem Betrieb der Praxis heraus entstanden sind. In Betracht kommen hier insbesondere die Umsatzsteuer und die Lohnsteuer. Sollte die Praxis des veräußernden Psychotherapeuten der Gewerbesteuer unterliegen, kommt auch eine Haftung für die Gewerbesteuer in Betracht. Keine Haftung besteht für die Einkommensteuer des veräußernden Kollegen.

91 Die Haftung ist für den Erwerber der Praxis ein nicht unerhebliches Risiko. Er sollte daher vom abgebenden Kollegen den Nachweis verlangen, dass zum Zeitpunkt der Praxisveräußerung keine Lohn- oder Umsatzsteuerrückstände mehr bestehen. Dies kann der Veräußerer durch Beantragung eines Kontoauszuges bei den Finanzbehörden nachweisen. Um sich gegen bisher nicht bekannte Steuerschulden abzu-

sichern, besteht auch die Möglichkeit, eine Anpassung des Kaufpreises für denjenigen Fall vorzusehen, dass bei einer eventuellen späteren Betriebsprüfung bisher unbekannte Steuerpflichten aus der Geschäftszeit des Praxisvorgängers zu leisten sind.

3.4.2 Kauf und Abschreibung des Praxiswertes

Für die Übernahme einer Praxis entrichtet der Psychotherapeut in der Regel einen **92**
Kaufpreis. Dieser kann sowohl materielle als auch immaterielle Wirtschaftsgüter umfassen. Zu den materiellen Wirtschaftsgütern gehören Empfang, Praxiseinrichtung und sonstige Praxisgeräte. Immaterielle Wirtschaftsgüter bestehen aus dem sogenannten Goodwill der Praxis, der sich aus dem Patientenbestand, der Lage der Praxis, dem Ruf der Praxis und anderen nicht greifbaren Werten zusammensetzt.

Der Goodwill einer erworbenen Einzelpraxis wird vom Erwerber über einen **93**
Zeitraum von in der Regel 3–5 Jahren[12] gewinnmindernd in der Einnahmen-Überschuss-Rechnung angesetzt und führt somit zu einer geringeren Einkommensteuer. Bleibt der veräußernde Kollege weiter in der Praxis, z. B. weil lediglich ein Teil der Praxis veräußert und eine Berufsausübungsgemeinschaft gegründet wird, verlängert sich der Zeitraum der Abschreibung des Praxiswertes auf 6–10 Jahre[13]. Übernommene materielle Wirtschaftsgüter werden über die voraussichtlich verbleibende Restnutzungsdauer gewinnmindernd abgeschrieben.

Der BFH geht davon aus, dass in den Fällen, in denen eine Vertragsarztpraxis samt **94**
den zugehörigen materiellen und immateriellen Wirtschaftsgütern der Praxis erworben wird, die Praxis als Chancenpaket erworben wird. Der Vorteil aus der Zulassung als Vertragsarzt ist dann untrennbar im Praxiswert als abschreibbares immaterielles Wirtschaftsgut enthalten. Hierzu reicht es aus, wenn der Erwerber die Möglichkeit hat, die bestehenden Geräte und Praxiseinrichtung zu übernehmen und auch in die bestehenden Arbeitsverträge einzusteigen. Es kommt nicht darauf an, ob die Praxiseinrichtung noch einen Wert hat oder die Arbeitnehmer auch tatsächlich vom Veräußerer übernommen werden. Es kommt hierbei allein auf die vertragliche Regelung und eingeräumte Möglichkeit des Erwerbers an.[14] Daher ist ein besonderes Augenmerk auf die Formulierungen im Praxiskaufvertrag zu legen.

Maßgebliches Indiz für einen Erwerb der Praxis als Chancenpaket ist nach Auf- **95**
fassung des BFHs, dass Veräußerer und Erwerber einen Kaufpreis in Höhe des Verkehrswerts der Praxis oder sogar einen darüber liegenden Wert vereinbaren.

Nach Auffassung des BFHs wird beim Erwerb einer Vertragsarztpraxis in der **96**
Regel neben dem erworbenen Praxiswert kein weiteres immaterielles Wirtschafts-

12 BFH vom 28.09.1993 - VIII R 67/92, BStBl 1994 II 449;
BFH vom 24.02.1994 - IV R 33/93, BStBl 1994 II 590; siehe auch BMF v. 15.1.1995, BStBl 1995 I 14.

13 BFH vom 24.02.1994 - IV R 33/93, BStBl 1994 II 590.

14 BFH vom 21.12.2017, VIII R 7/14.

gut in Form des „mit einer Vertragsarztzulassung verbundenen wirtschaftlichen Vorteils“ erworben. Der erworbene Praxiswert kann daher in der Regel vollständig gewinnmindernd im Rahmen der Abschreibung geltend gemacht werden.

97 Insbesondere, wenn eine halbe Praxis erworben wird und der Erwerber die Praxis an einen neuen Standort verlegt, kommt es für die steuerliche Absetzbarkeit des Praxiswerts auf die genauen vertraglichen Regeln an. Aus dem Kaufvertrag muss klar zu erkennen sein, dass der Erwerber nicht nur die Zulassung erwirbt, sondern auch Teile des Anlagevermögens.

3.4.3 Reiner Zulassungskauf

98 In Sonderfällen wird jedoch die Abschreibung des immateriellen Wertes einer entgeltlich erworbenen psychotherapeutischen Praxis nicht gestattet. Erfolgt der Erwerb der Praxis allein zum Kauf der Zulassung, verweigert die Finanzverwaltung die Abschreibung.[15] Dies ist etwa der Fall, wenn weder Praxiseinrichtung noch Verträge (Personalverträge, Mietverträge, Versicherungsverträge, Leasingverträge) an den Erwerber übertragen werden.

99 Vereinbaren der Veräußerer und Erwerber im Kaufvertrag, dass lediglich eine halbe Zulassung auf den Erwerber übertragen wird, handelt es sich in der Regel um einen nicht abschreibbaren Zulassungskauf.

100 Dies führt dazu, dass sich die Anschaffungskosten für die Zulassung steuerlich erst im Zeitpunkt der Praxisveräußerung auswirken. Der Kaufpreis kann also nicht im Rahmen der Abschreibung bereits in den Jahren nach dem Kauf steuerlich geltend gemacht werden, wodurch keine Einkommensteuerentlastung durch den Kauf erfolgt. Wird zur Finanzierung des Kaufpreises ein Darlehen aufgenommen, muss der Kapitaldienst also aus dem erwirtschafteten und versteuerten Gewinn erfolgen. Dies muss bei der Laufzeit des Darlehens berücksichtigt werden.

101 **Exkurs**

Möchte ein Psychotherapeut seinen Tätigkeitsumfang einschränken oder zukünftig mehr Privatpatienten betreuen, so wird oft überlegt, den Kassensitz und somit die Kassenpatienten an Kollegen zu veräußern.

Der BGH[16] hat entschieden, dass der isolierte „Verkauf eines Patientenstamms“ den objektiven Tatbestand des § 299a Nr. 2 StGB und § 299b Nr. 3 StGB – in Gestalt des Versprechens eines Vorteils in Bezug auf die Zuführung von Patienten – erfülle. Von dieser Entscheidung sind laut BGH folgende Fallgestaltungen nicht betroffen:

---

15 BFH vom 21.12.2017, VIII R 56/14.

16 BGH vom 09.11.2021 VIII ZR 362/19, PFB 2022, 258.

- Einstellung der praktischen Tätigkeit und die unentgeltlichen Hinweise an Patienten an andere Kollegen
- Abgabe einer gesamten Praxis an den Praxisnachfolger

3.5 Gründung durch Kooperation

3.5.1 Kooperationsformen unter Psychotherapeuten

Eine Praxisneugründung kann auch durch eine Kooperation erfolgen. Als Kooperation kommt für den Psychotherapeuten entweder eine Praxisgemeinschaft (vgl. Kapitel 5.3), eine Berufsausübungsgemeinschaft (vgl. Kapitel 5.4) (vor dem Vertragsarztrechtsänderungsgesetz „Gemeinschaftspraxis") oder ein Medizinisches Versorgungszentrum in Betracht (vgl. Kapitel 5.5). Für den neu der Berufsausübungsgemeinschaft oder dem MVZ beitretenden Psychotherapeuten sind in der Gründungssituation die gleichen steuerlichen Überlegungen anzustellen wie bei der Übernahme einer Praxis. 102

3.5.2 Gründung einer Berufsausübungsgemeinschaft oder einer MVZ GbR

Will man eine Berufsausübungsgemeinschaft oder eine MVZ GbR gründen, sind verschiedene Fallgruppen zu unterscheiden: 103

- Die Neugründung einer Berufsausübungsgemeinschaft oder MVZ GbR durch mehrere selbstständige Psychotherapeuten (Fall 1)
- Der Kauf einer psychotherapeutischen Praxis durch mehrere Psychotherapeuten (Fall 2)
- Die Aufnahme eines neuen Partners in eine bestehende Praxis (Fall 3)
- Der Zusammenschluss mehrerer Praxen zu einer Berufsausübungsgemeinschaft oder MVZ GbR (Fall 4)

Die Neugründung einer Berufsausübungsgemeinschaft (Fall 1) durch mehrere Psychotherapeuten ist in der Regel steuerlich unkompliziert. Zwei oder mehrere Psychotherapeuten, die bislang noch nicht praktiziert haben, eröffnen eine gemeinsame Praxis. Zu den vereinbarten Teilen bringen sie Einlagen ein, um gemeinsam die benötigten Praxiseinrichtungsgegenstände zu erwerben. Entsprechend ihrer Praxisbeteiligung beteiligen sie sich auch an gemeinsamen Finanzierungsmaßnahmen. 104

Beim gemeinsamen Kauf einer bestehenden Einzelpraxis durch mehrere Psychotherapeuten (Fall 2), erwerben die Käufer mit der Praxis üblicherweise das materielle Vermögen, d. h. die Praxiseinrichtung zum einen und den Praxiswert (Goodwill, immateriellen Wert) der Praxis zum anderen. Des Weiteren treten Sie in die laufenden Verträge der Praxis ein. 105

106 Der immaterielle Wert der Praxis setzt sich unter anderem aus dem Patientenstamm, dem Standort und dem Ruf der Praxis sowie den Praxisabläufen zusammen. Die Kosten für die Anschaffung einer Praxis sind abschreibbar. Soweit sie auf materielles Sachvermögen entfallen, erstreckt sich die Abschreibung auf die verbleibende Nutzungsdauer. Der Kaufpreis für den immateriellen Praxiswert der erworbenen Praxis darf auf eine Zeit von drei bis fünf Jahren abgeschrieben werden.[17]

107 Wird lediglich isoliert eine hälftige oder ganze kassenärztliche Zulassung erworben, wird eine Abschreibung des Kaufpreises nicht möglich sein (siehe hierzu TZ 98 ff.).

108 Die dritte Form der Errichtung einer Berufsausübungsgemeinschaft durch Aufnahme eines neuen Partners in eine bestehende Einzelpraxis (Fall 3) gegen Entgelt stellt steuerlich die Veräußerung eines Teils der bisherigen Einzelpraxis dar. Diese Veräußerung ist keine steuerbegünstigte Veräußerung nach den §§ 16 und 34 EStG. Vielmehr ist der durch die Aufnahme eines Partners erzielte Gewinn als laufender Gewinn zu erfassen (siehe hierzu Kapitel 6).

109 Zur Vermeidung oder Abmilderung der durch den Gewinn verursachten Steuern kann der aufnehmende Praxisinhaber ggf. das Umwandlungssteuerrecht nutzen.

110 Nach § 24 Abs. 2 UmwStG darf bei einer Einbringung des Einzelbetriebs in eine Berufsausübungsgemeinschaft auf Antrag der Buchwert fortgeführt werden, wenn sichergestellt ist,

- dass die Praxis mit allen wesentlichen Betriebsgrundlagen eingebracht oder zur Nutzung zur Verfügung gestellt wird.
- dass die Zahlung des neu eintretenden Partners in das Betriebsvermögen der neuen Berufsausübungsgemeinschaft eingeht. Die Einräumung einer sonstigen Gegenleistung (bspw. Einräumung eines schuldrechtlichen Darlehensanspruchs, Barauszahlung) ist innerhalb der gesetzgeberischen Grenzen zulässig (siehe TZ 115)

Beispiel
Bringt Psychotherapeut A seine bestehende Einzelpraxis (Verkehrswert 50.000 EUR, Buchwert 1 EUR) in die neue Berufsausübungsgemeinschaft ein und Psychotherapeut B zahlt einen entsprechenden Betrag (50.000 EUR) auf das Praxiskonto, darf dieses Geld jedoch nicht von A entnommen werden, sondern muss im Betriebsvermögen verbleiben (bspw. zur Begleichung von betrieblichen Schulden oder für Praxisinvestitionen). Ansonsten sind die 50.000 EUR von A als Veräußerungsgewinn zu versteuern, da insoweit die stillen Reserven aufgedeckt werden.

111 Der Antrag auf Buchwertfortführung nach § 24 UmwStG führt nicht dazu, dass der Einbringende gar keinen Veräußerungsgewinn versteuern muss. Er muss vielmehr eine sogenannte Ergänzungsbilanz aufstellen, in der die vorhanden stillen Reserven

17 BMF vom 15.01.1995, BStBl 1995 I, S. 14.

(entspricht dem Veräußerungsgewinn) in den nächsten Jahren ratierlich aufgedeckt und versteuert werden.

Beispiel
Psychotherapeut A bringt seine bestehende Einzelpraxis (Verkehrswert 50.000 EUR, Buchwert 1 EUR) in die neue Berufsausübungsgemeinschaft ein. Psychotherapeut B zahlt einen entsprechenden Betrag in Höhe von 50.000 EUR auf das Praxiskonto, der in Praxisvermögen investiert wird. Es wird ein Antrag nach § 24 UmwStG gestellt.
In der neuen Berufsausübungsgemeinschaft wird der Praxiswert mit 50.000 EUR ausgewiesen und in den nächsten 6 bis 10 Jahren im Rahmen der Abschreibung geltend gemacht. Diese Abschreibung wird A zu 50 % im Rahmen der Gewinnverteilung zugerechnet. Wird der von B gezahlte Geldbetrag in Praxisvermögen investiert, so partizipiert A auch an den Investitionen und der dadurch bedingten Abschreibung zu 50 %. Allerdings hat er im Gegenzug ein Minderkapital von 49.999 € in den nächsten 6–10 Jahren im Rahmen seiner Ergänzungsbilanz zu versteuern.

Zur besseren Nachvollziehbarkeit empfiehlt es sich, dass bei Anwendung des § 24 112
UmwStG eine Eröffnungsbilanz aufgestellt wird, um die stillen Reserven zu dokumentieren.

Die Aufnahme eines neuen Partners in eine bestehende Einzelpraxis (Fall 3) kann 113
auch unentgeltlich erfolgen. Dies ist einkommensteuerneutral nach § 6 Abs. 3 EStG möglich, wenn alle im Zeitpunkt der Übertragung vorhandenen funktional wesentlichen Betriebsgrundlagen übertragen werden (vgl. TZ 456 ff.). Sofern funktional wesentliche Wirtschaftsgüter (bspw. die Praxisräume), die weiterhin zum Betriebsvermögen derselben Mitunternehmerschaft gehören (sprich Sonderbetriebsvermögen des aufnehmenden Partners werden) nicht mit übertragen werden, darf der neue Partner seine Anteile mindestens 5 Jahre nicht veräußern oder aufgeben. Zudem ist in den Fällen der unentgeltlichen Übertragung die Schenkungsteuer zu beachten, da Vermögen ohne Entgelt auf jemand Drittes übergeht.

Wird vereinbart, dass für die Aufnahme des neuen Partners kein Entgelt gezahlt 114
wird, der bisherige Praxisinhaber allerdings in den nächsten 10 Jahren einen Gewinn vorab in Höhe von bspw. 80 % erhält, so ist nach Auffassung des BFH ein Veräußerungsgewinn[18] zu versteuern.

Schließlich kann eine Berufsausübungsgemeinschaft auch durch den Zusammen- 115
schluss mehrerer bestehender Einzelpraxen gebildet werden (Fall 4). In diesem Falle stellt die Gründung der Berufsausübungsgemeinschaft ebenfalls steuerlich eine Veräußerung gegen Entgelt dar. Die Gegenleistung für die Übertragung besteht insoweit in der Gewährung von Gesellschaftsrechten an der neuen Berufsausübungsgemeinschaft. Auf diesen Übertragungsvorgang ist § 24 UmwStG in gleicher Weise anwendbar. Bestehen aufgrund unterschiedlicher Wertverhältnisse zwischen den Praxen Unterschiede und sollen hierfür aufgrund einer angedachten gleichen Beteiligung Ausgleichszahlungen, bspw. durch eine Darlehensgewährung stattfinden, so ist § 24 UmwStG nur anwendbar, wenn das Darlehen nicht mehr beträgt, als

18 BFH v. 27.10.2015, BStBl II 2016, 600.

- 25 % des Buchwerts des eingebrachten Betriebsvermögens oder
- 500.000 EUR, höchstens jedoch den Buchwert des eingebrachten Betriebsvermögens.

Beispiel

- Praxis A hat einen Praxiswert von 100.000 EUR (Buchwert 50.000 EUR), Praxis B hat einen Praxiswert von 75.000 EUR (Buchwert 75.000 EUR). Beide Praxen werden in die neue BAG eingebracht. Da die Praxis von A jedoch 25.000 EUR mehr wert ist, zahlt B 12.500 EUR als Ausgleich an A.
- A hat somit 12,5 % seiner Praxis veräußert (12.500 EUR/100.000 EUR). Er hat somit einen Veräußerungsgewinn in Höhe von 6.250 EUR (12,5 % von 50.000 EUR) zu versteuern. Dieser Veräußerungsgewinn ist nicht nach §§ 16, 34 EStG begünstigt (siehe hierzu Kapital 6.3.2.).

In der neuen Berufsausübungsgemeinschaft wird der Praxiswert mit 175.000 EUR ausgewiesen und in den nächsten Jahren im Rahmen der Abschreibung geltend gemacht. Diese Abschreibung wird A zu 50 % im Rahmen der Gewinnverteilung zugerechnet.
Allerdings hat A im Gegenzug ein Minderkapital von 43.750 EUR in den nächsten Jahren im Rahmen seiner Ergänzungsbilanz zu versteuern.

4 Die Steuern des selbstständigen Psychotherapeuten

4.1 Allgemeine Hinweise

116 Der Psychotherapeut in eigener Praxis ist als natürliche Person mit Wohnsitz im Inland nach § 1 Abs. 1 EStG einkommensteuerpflichtig. Er muss für jedes Kalenderjahr eine Einkommensteuererklärung abgeben. Er hat den Gewinn aus seiner Praxis zu ermitteln und dem Finanzamt mitzuteilen.

4.2 Gewinnermittlungsarten

117 Der freiberufliche Psychotherapeut kann sich entscheiden, ob er seinen zu erklärenden Gewinn durch Betriebsvermögensvergleich nach § 4 Abs. 1 EStG (Bilanzierung) oder mithilfe der Einnahmen-Überschuss-Rechnung nach § 4 Abs. 3 EStG ermittelt. Das Wahlrecht übt er mit der Abgabe der Steuererklärung aus. Ein Wechsel der Gewinnermittlungsart ist ihm grundsätzlich gestattet.

118 Sind die Einkünfte als gewerbliche Einkünfte (vgl. Kapitel 4.4.1. Qualifikation der Einkünfte) zu qualifizieren, so hat der Psychotherapeut seinen Gewinn im Rahmen des Betriebsvermögensvergleichs nach § 4 Abs. 1 EStG zu ermitteln, wenn der Gewinn 80.000 EUR im Jahr überschreitet. Die Pflicht zur Ermittlung nach Betriebsvermögensvergleich beginnt, nachdem das Finanzamt auf diese Pflicht hingewiesen hat[19].

119 Der Unterschied zwischen beiden Gewinnermittlungsmethoden besteht darin, dass bei der verfahrenstechnisch einfacheren Form der Einnahmen-Überschuss-

19 § 141 AO.

Rechnung nur die laufenden Einnahmen und Ausgaben erfasst werden. Berechnet wird dabei der Überschuss der Betriebseinnahmen über die Betriebsausgaben. Entscheidend ist nach § 11 EStG der Zeitpunkt des Zu- bzw. Abflusses von Mitteln, der mit dem Eingang/Ausgang auf dem Bankkonto bzw. der Einnahme/ Ausgabe in/aus der Kasse gleichzusetzen ist. Verbindlichkeiten bspw. für Verbrauchsmaterialien und Forderungen wirken sich bei der Einnahmen-Überschuss-Rechnung nicht auf den Gewinn aus. Sie sind erst dann zu erfassen, wenn sie tatsächlich zu- oder abgeflossen sind.

Hierin besteht auch der Hauptunterschied zwischen Bilanz und Einnahmen- 120
Überschuss-Rechnung. In der Bilanz werden die Aufwendungen und Erträge verursachungsgerecht der Periode zugeordnet, in der sie entstehen, während sie bei der Einnahmen-Überschuss-Rechnung dann erfasst werden, wenn der Zahlungseingang bzw. Zahlungsausgang erfolgt ist.

Da bei der Bilanzierung auch Forderungen (z. B. aus Honoraren) und Verbind- 121
lichkeiten (z. B. aus nicht bezahlten Rechnungen) zu erfassen sind, wird bei der Bilanzierung ein periodengerechtes Bild der erwirtschafteten Einkünfte eines Jahres ermittelt, während die Einnahmen-Überschuss-Rechnung dies nicht zu leisten vermag, weil Zahlungseingang und Zahlungsausgang über die Entstehung von Einnahmen und Ausgaben keine Aussagen machen.

Ferner setzt die Bilanzierung eine vollständige Erfassung aller Geschäftsvorfälle im 122
Rahmen einer Buchführung voraus und führt daher auch während des laufenden Jahres zu einem höheren Verwaltungsaufwand.

4.2.1 Die Einnahmen-Überschuss-Rechnung

Die überwiegende Zahl der Psychotherapeuten ermittelt ihren Gewinn nach § 4 123
Abs. 3 EStG durch Einnahmen-Überschuss-Rechnung.

In diesem Zusammenhang stellt sich zunächst die Frage, welche Aufzeichnungs- 124
pflichten als Vorbereitung für die Einnahmen-Überschuss-Rechnung zu erfüllen sind.

Grundsätzlich ist der Psychotherapeut als Freiberufler nicht buchführungspflich- 125
tig (§ 141 AO). Es gelten aber die Aufzeichnungspflichten des § 22 UStG auch für Zwecke der Einkommensteuer.

Danach hat der Psychotherapeut seine Betriebsausgaben einzeln und fortlaufend 126
aufzuzeichnen und zu belegen. Liegen in Einzelfällen keine Belege vor (z. B. bei Trinkgeldern, Park- oder Telefongebühren) kann auch ein Eigenbeleg ausgestellt werden. Die Belege sind zu sammeln und geordnet (i. d. R. chronologisch) aufzubewahren (§ 145 AO).

Die Wirtschaftsgüter des Anlagevermögens (also Gegenstände, die nicht direkt 127
verbraucht werden, sondern länger der Praxis dienen bspw. Praxiseinrichtung und

Geräte) sind unter Angabe des Tages der Anschaffung und der Anschaffungskosten aufzuzeichnen (§ 4 Abs. 3 Satz 5 EStG). Daneben sind die um die jährliche Abschreibung (Abschreibung, Sonderabschreibung, Investitionsabzugsbetrag) geminderten Buchwerte aufzuzeichnen.

128 Bareinnahmen und Barausgaben sind täglich festzuhalten, dies geschieht sinnvollerweise in einem Kassenbuch, das auch elektronisch geführt werden kann. Wichtig ist hierbei jedoch, dass Änderungen jederzeit nachvollziehbar sind.

129 Aus steuerlichen Gründen bestehen darüber hinaus besondere Aufzeichnungspflichten für beschränkt abzugsfähige Ausgaben wie z. B. Bewirtungskosten, Geschenke und Schuldzinsen nach § 4 Abs. 5 EStG.

130 Die Einnahmen-Überschuss-Rechnung sowie die Aufzeichnungen zum Anlagevermögen sind nach einem von den Finanzbehörden vorgeschriebenen Vordruck elektronisch beim Finanzamt einzureichen (siehe Anhang).

131 Die Unterlagen, die die Grundlage für die Einnahmen-Überschuss-Rechnung bilden, sind zehn Jahre lang aufzubewahren (§ 257 HGB). Mit dem Bürokratieentlastungsgesetz wurde die Aufbewahrungsfrist der Buchungsbelege von zehn Jahren auf acht Jahre verkürzt. Dies gilt ab dem 01.01.2025.

4.2.2 Die Bilanzierung

132 Entscheidet sich der Psychotherapeut dafür, seinen Gewinn im Rahmen eines Betriebsvermögensvergleichs (§ 4 Abs. 1 EstG), der sogenannten Bilanzierung zu ermitteln, so hat er besondere Aufzeichnungspflichten zu erfüllen.

133 Der bilanzierende Psychotherapeut muss nach § 146 Abs. 1 Satz 1 AO zeitnah, vollständig, richtig und geordnete Buchungen und Aufzeichnungen vornehmen.

134 Aus den Aufzeichnungen müssen sämtliche Geschäftsvorfälle lückenlos ersichtlich und verfolgbar sein. Geschäftsvorfälle dürfen weder fehlen, auch nicht, wenn sie keine Auswirkungen auf das Ergebnis haben, noch dürfen sie verrechnet oder saldiert dargestellt werden. Jeder einzelne Geschäftsvorfall muss mit Gegenstand, Kaufpreis und Name des Vertragspartners erfasst werden[20].

135 Auf Basis dieser Aufzeichnungen, der sogenannten Buchführung, muss es einem außenstehenden Dritten möglich sein, sich innerhalb einer angemessenen Zeit einen Überblick verschaffen zu können.

136 Bei der Ermittlung des Gewinns im Rahmen des Betriebsvermögensvergleichs wird eine Bilanz sowie eine Gewinn- und Verlustrechnung aufgestellt.

20 BFH Urteile v. 16.12.2014 – X R 42/13, BFHE 248 S. 99, BStBl 2015 II S. 519; X R 29/13, BFH/NV 2015 S. 790.

Dabei ist die Bilanz eine Gegenüberstellung des Vermögens und der Schulden zu einem bestimmten Zeitpunkt (Bilanzstichtag). 137

Die Gewinn- und Verlustrechnung ist eine Gegenüberstellung der Ausgaben und Einnahmen des Geschäftsjahres, unabhängig vom Zahlungszeitpunkt. In ihr wird zeitraumbezogen der Gewinn der Praxis ermittelt (Erfolgsrechnung). 138

Die Bilanz sowie die Gewinn- und Verlustrechnung ist für den Schluss eines jeden Geschäftsjahres aufzustellen. 139

Die Bilanz sowie die Gewinn- und Verlustrechnung dienen dem selbstständigen Psychotherapeuten als Instrument der Information über die Vermögens-Finanz- und Ertragslage seiner Praxis. 140

Die Aufzeichnungen sind zehn Jahre lang aufzubewahren (§ 257 HGB), die Frist beginnt mit Abgabe der Steuererklärung. Mit dem Bürokratieentlastungsgesetz wurde die Aufbewahrungsfrist der Buchungsbelege von zehn Jahren auf acht Jahre verkürzt. Dies gilt ab dem 01.01.2025. 141

4.3 ABC der Betriebseinnahmen und Betriebsausgaben

Nachfolgend ein Überblick über die wichtigsten Betriebseinnahmen und Betriebsausgaben. 142

4.3.1 ABC der Betriebseinnahmen

Der Begriff der Betriebseinnahmen umfasst alle Einnahmen in Form von Geld oder Geldeswert, die dem Psychotherapeuten im Rahmen seiner selbstständigen Tätigkeit zufließen. Betriebseinnahmen bestehen in der Regel in Geld-, können aber auch in Sachwerten geleistet werden. 143

Aufwandsentschädigungen: Selbstständige Psychotherapeuten sind nicht selten auch in Ehrenämtern bei Kammern oder Berufsverbänden eingebunden. In diesem Zusammenhang geleistete Zahlungen für entgangene Einnahmen oder für geleistete Auslagen werden Aufwandsentschädigungen genannt. Für die steuerliche Zuordnung ist Grund und Herkunft der Aufwandsentschädigung ausschlaggebend. Voraussetzung der Steuerfreiheit nach § 3 Nr. 12 EStG ist, dass die Zahlung aus einer öffentlichen Kasse, bspw. der kassenärztlichen Vereinigung, erfolgt. Aufwandsentschädigungen für tatsächlich entstandenen Aufwand, der beim Empfänger entsteht, ist nach § 3 Nr. 12 EStG steuerfrei (z. B. Sitzungsgelder der kassenärztlichen Vereinigung). Wird die Aufwandsentschädigung für entgangene Einnahmen geleistet, so sind diese Einnahmen grundsätzlich (§ 3 Nr. 12 Satz 2 EStG) zu versteuern. Bis zu einem Betrag von 250 EUR monatlich bleiben gewährte Aufwandsentschädigungen aus öffentlichen Kassen für ehrenamtlich Tätige, egal aus welchem Grund sie gewährt werden, jedoch immer steuerfrei (R3.12 Abs. 3 LStR). 144

Beispiel

	Aufwandsentschädigung	Steuerfrei	Steuerpflichtig	Im Ergebnis steuerpflichtig
Januar	300 EUR	250 EUR	50 EUR	50 EUR
Februar	75 EUR	75 EUR	0 EUR	0 EUR (Aufrollung aus Januar 300 EUR + 75 EUR aus Februar abzgl. 500 EUR (2 Monate à 250 EUR)

145 Aufwandsentschädigungen, die von Berufsverbänden oder Kammern gezahlt werden, können in Höhe von bis zu 3.000 EUR steuerfrei nach § 3 Nr. 26 EStG sein. Voraussetzung hierfür ist allerdings, dass es sich um eine nebenberufliche Tätigkeit als Übungsleiter, Ausbilder, Erzieher oder Betreuer handelt[21]. Begünstigten Tätigkeiten können bspw. die Mitwirkung im Prüfungs- und Zulassungsausschuss sein oder die Lehr- oder Vortragstätigkeit im Rahmen einer beruflichen Ausbildung oder Fortbildung. Liegen die oben genannten Voraussetzungen für die von den Berufsverbänden oder Kammern gezahlten Aufwandsentschädigungen jedoch nicht vor, so kann eine Steuerfreiheit nach § 3 Nr. 26a EStG in Höhe von 840 EUR p. a. in Betracht kommen. Hierunter fallen bspw. die Aufwandsentschädigungen für den Vereinsvorstand oder die Tätigkeit als Kassierer.

146 **Abfindungen:** aus betrieblichen Gründen zählen grundsätzlich zu den Betriebseinnahmen. Wird z. B. für die vorzeitige Aufgabe der Praxisräume eine Abfindung gezahlt, so gehört diese Abfindung zu den Einnahmen aus selbstständiger ärztlicher Tätigkeit. Der Abfindung wird der Verzicht auf die Nutzung von Praxisräumen gleichgestellt. Wird für den Verzicht ein Entgelt gezahlt, so gehört dies ebenfalls zu den Nebeneinnahmen.

147 **Direktverträge:** Nach § 140a ff. SGB V sowie § 70c SGB V können Ärzte und Psychotherapeuten unmittelbar mit den Krankenkassen Vereinbarungen über Leistungen an gesetzlich versicherte Patienten treffen. In diesem Fall ist die kassenärztliche Vereinigung aus der Zahlungskette ausgeschlossen. Einnahmen aus diesen Verträgen werden in der Regel als Fall- oder Kopfpauschale bezahlt. Soweit im Rahmen dieser Verträge die Vergütung für Leistungen verschiedener Leistungserbringer (u. a. Sanitätshäuser oder Apotheker) mit in die Fallpauschale eingebunden ist, besteht ein gewerbesteuerliches Risiko (vgl. Kapitel 4.5 Gewerbesteuerliche Aspekte).

21 R 3.26 Abs. 1 LStR.

Durchlaufende Posten: Durchlaufende Posten sind Beträge, die der Psychotherapeut nur im Namen und in Rechnung für einen anderen vereinnahmt und anschließend weiterleitet. Sie sind bei der Gewinnermittlung sowohl auf der Einnahmenseite als auch auf der Ausgabenseite zu erfassen (§ 4 Abs. 3 Satz 2 EStG), wirken sich mithin auf die Gewinnermittlung nicht aus. 148

Entnahme von Praxisvermögen: Das Praxisvermögen setzt sich zusammen aus der Praxiseinrichtung des Psychotherapeuten und ggf. für besondere Behandlungen angeschaffte Geräte (notwendiges Praxisvermögen). Neben diesen für den Betrieb der Praxis notwendigen Gegenständen gibt es weitere Vermögensgegenstände, die sowohl für die Praxis als auch für außerbetriebliche Zwecke genutzt werden können (z. B. ein Pkw). Sie können durch Widmung, d. h. durch Einbuchen in das betrieblich zu führende Anlageverzeichnis, zum Praxisvermögen eingestellt werden. Voraussetzung hierfür ist, dass die Gegenstände zu mindestens 10 % betrieblich genutzt werden. Gegenstände, die zu mehr als 50 % betrieblich genutzt werden, gehören zwangsläufig zum Praxisvermögen. Das gesamte Praxisvermögen ist im Anlageverzeichnis aufzuführen. Werden einzelne Gegenstände aus dem Praxisvermögen entnommen und künftig privat verwendet, so ist der Wert des Gegenstandes im Zeitpunkt der Entnahme zum Marktwert wie eine tatsächlich zugeflossene Einnahme zu behandeln. Demgegenüber kann der im Anlageverzeichnis für dieses Wirtschaftsgut festgehaltene sogenannte Buchwert im Zeitpunkt der Entnahme als Ausgabe erfasst werden. 149

Beispiel
Der Psychotherapeut schenkt seiner Ehefrau den bisher betrieblich genutzten und im Anlageverzeichnis aufgeführten Pkw. Zum Zeitpunkt der Schenkung war der Pkw im Anlageverzeichnis mit einem Buchwert von 1 EUR angesetzt. Die Schenkung an die Ehefrau stellt einen Entnahmevorgang dar. Der Buchwert von 1 EUR wird ausgebucht. Der Pkw ist im Zeitpunkt der Entnahme jedoch mit dem Verkehrswert, z. B. 1.000 EUR (steuerlich: dem gemeinen Wert), als Betriebseinnahme anzusetzen.

Die Finanzverwaltung geht bei der Wertfindung für den Zeitwert von KFZ im Zeitpunkt der Entnahme regelmäßig von den sogenannten Schwacke-Tabellen aus. 150

Entnahme von Nutzungen: Werden Gegenstände des Praxisvermögens (z. B. ein Pkw oder ein Handy) auch zu privaten Zwecken genutzt, so ist der Umfang der privaten Nutzung als fiktive Betriebseinnahmen zu erfassen. Durch den Ansatz dieser fiktiven Betriebseinnahmen wird der Anteil der Betriebsausgaben ausgeglichen, der nicht durch den Betrieb veranlasst ist und aus diesem Grunde den Gewinn der psychotherapeutischen Praxis nicht mindern darf. 151

Die Bewertung der Entnahme bei Nutzung zu privaten Zwecken erfolgt nach der mit der Entnahme verbundenen Wertabgabe durch den Betrieb (Selbstkosten). Zu den Selbstkosten rechnen dabei sowohl die nutzungsabhängigen Kosten als auch 152 die anteiligen Fixkosten. Besondere Regeln für den Ansatz des privaten Nutzungsanteils gelten insbesondere für die

- Pkw-Nutzung,
- Telefonnutzung.

153 Für **Pkw** sind zwei Methoden zur Ermittlung der Privatnutzung zugelassen.

154 **Die 1 %-Methode:** Ohne konkrete Ermittlung des tatsächlichen Umfangs der Privatfahrten wird die private Nutzung für jeden Kalendermonat mit 1 % des Listenpreises angesetzt. Voraussetzung hierfür ist, dass der Pkw zu mindestens 50 % für die Praxis genutzt wird (zu dem hierzu zu erbringenden Nachweis vgl. TZ 275). Der Listenpreis ist der auf volle Hundert gerundete Preis des Herstellers im Zeitpunkt der Erstzulassung. Sonderausstattungen (Ledersitze, Klimaanlage etc.) sind ebenso hinzuzurechnen wie die Umsatzsteuer. Die tatsächlichen Anschaffungskosten für den Pkw spielen bei dieser Berechnung keine Rolle. Auch bei einem Gebrauchtwagen wird auf den Neuwagenlistenpreis abgestellt.

Beispiel
Ein Psychotherapeut kauft einen Pkw mit Tageszulassung für einen Sonderpreis von 24.000 EUR. Der Listenpreis für dieses Fahrzeug beträgt jedoch 30.000 EUR. Der Pkw wird zu mehr als 50 % zu betrieblichen Zwecken genutzt. Ein Fahrtenbuch wird nicht geführt. Die Privatnutzung nach der 1 %-Regelung wird in diesem Fall mit 12 % von 30.000 EUR = 3.600 EUR pro Jahr angesetzt.

155 Zusätzlich muss für die Nutzung des Pkw für die Fahrten zwischen Wohnung und Praxis eine monatliche Pauschale in Höhe von 0,03 % des Listenpreises bei Erstzulassung je Entfernungskilometer berücksichtigt werden. Diese fiktive Einnahme wird um die steuerlich abziehbare Entfernungspauschale (0,30 EUR pro Entfernungskilometer, ab dem 21. Entfernungskilometer 0,38 EUR) gekürzt.

Beispiel
Der Listenpreis des betrieblichen Pkw beträgt 30.000 EUR. Der Psychotherapeut betreibt seine Praxis 10 km von seinem Wohnort entfernt. Die Privatnutzung für die Fahrten zwischen Wohnung und Praxis ermittelt sich wie folgt:
0,03 % x 30.000 EUR x 10 km x 12 Monate = 1.080 EUR
abzgl. Entfernungspauschale (230 Tage x 0,30 EUR x 10 km) = 690 EUR
Zu versteuernde Privatnutzung für Fahrten Wohnung Praxis: 390 EUR

156 Handelt es sich bei dem Pkw um ein reines Elektroauto, dessen Bruttolistenpreis nicht mehr als 70.000 EUR (bei Anschaffung vor dem 01.01.2024: 60.000 EUR) betragen hat und dessen Erstzulassung nach dem 31.12.2018 erfolgt ist, reduziert sich der zugrunde zu legende Bruttolistenpreis auf ein Viertel. Sofern der Bruttolistenpreis mehr als 70.000 EUR (bei Anschaffung vor dem 01.01.2024: 60.000 EUR) betragen hat, reduziert sich der zugrunde zu legende Bruttolistenpreis auf die Hälfte.

157 Bei extern aufladbaren Hybridfahrzeugen kann sich der zugrunde zu legende Bruttolistenpreis auf die Hälfte reduzieren, wenn bestimmte Voraussetzungen erfüllt werden. So darf bei Anschaffung nach dem 31.12.2021 die Kohlendioxidemission höchstens 50 Gramm je gefahrenen Kilometer betragen oder die

Reichweite des Fahrzeugs beträgt bei ausschließlicher Nutzung der elektrischen Antriebsmaschine mindestens 60 km (bei Anschaffung nach dem 31.12.2024 mindestens 80 km).

Bei der Anwendung der 1 %-Methode kann es dazu kommen, dass der zu berücksichtigende Privatanteil die tatsächlichen Gesamtkosten für den Pkw übersteigt. In diesen Fällen wird der Privatanteil so begrenzt, dass sämtliche Pkw-Aufwendungen neutralisiert werden und nur die steuerlich abzugsfähigen Kosten für Fahrten zwischen Wohnung und Betrieb (Entfernungspauschale) verbleiben[22]. **158**

Fahrtenbuch: Alternativ zur oben genannten Regelung ist es zulässig, die gesamten Aufwendungen des Pkw nach dem Verhältnis der privaten zu den betrieblichen Fahrten aufzuteilen. Hierzu ist es erforderlich, dass ein den Ansprüchen der Finanzverwaltung entsprechendes Fahrtenbuch geführt wird (siehe auch TZ 273). **159**

Ein ordnungsgemäßes Fahrtenbuch muss grundsätzlich folgende Angaben enthalten: **160**

- Datum
- Kilometerstand zu Beginn und Ende der einzelnen Fahrt
- Reiseziele mit Reiseroute
- Reisezweck mit Angaben der besuchten Person
- Bei Privatfahrten kann auf die Angabe des Reisezwecks und der Reiseroute verzichtet werden.

Das Fahrtenbuch ist lückenlos für das gesamte Jahr zu führen. **161**

Für Fahrten zwischen Wohnung und Betriebsstätte gilt, dass lediglich 0,30 EUR für die ersten 20 km, ab dem 21 km 0,38 EUR pro Entfernungskilometer als Betriebsausgaben abzugsfähig sind (Entfernungspauschale), unabhängig von den tatsächlichen Kosten pro Kilometer. **162**

Ob die Bewertung der Privatnutzung eines Pkws im Rahmen der 1 %-Methode oder im Rahmen des Fahrtenbuchs günstiger ist, lässt sich nicht pauschal beantworten. Es muss in jedem Einzelfall geprüft werden. **163**

Für die **private Telefonnutzung** eines betrieblichen Festanschlusses oder Mobiltelefons sind die anteiligen Grund- und Gesprächsgebühren sowie die anteiligen Abschreibungen als Privatentnahme den Betriebseinnahmen zuzurechnen. Da die genaue Abgrenzung der privaten Nutzung des betrieblichen Telefons schwierig festzulegen ist, ist vielfach eine Schätzung erforderlich. **164**

Dabei reicht es, den Privatanteil der Telefongespräche glaubhaft nachzuweisen, indem der Psychotherapeut für einen bestimmten Zeitraum (empfohlen werden drei Monate) Aufzeichnungen führt, in welchem Umfang betriebliche und private Gespräche anfallen. Anhand dieser Liste kann der Jahresbetrag des privaten Anteils an den **165**

---

22 BMF 18.11.2009 - S 2177 ; BFH 15.05.2018 - X R 28/15.

Gesamtkosten des Telefonanschlusses berechnet werden. Dieses Ergebnis kann auch – solange sich die Verhältnisse nicht ändern – für die Folgejahre benutzt werden.

166 **Entschädigungen:** Versicherungsleistungen für betriebliches Vermögen oder betriebliche Ereignisse rechnen zu den Betriebseinnahmen. Dies können z. B. Leistungen sein für

- die Erstattung von Schäden an der eigenen Praxisimmobilie,
- die Erstattung von Schäden aus der betrieblichen Pkw-Versicherung,
- die Erstattung der Betriebsunterbrechung aus der Betriebshaftpflicht oder Rechtsschutzversicherung,
- Erstattungen nach dem Infektionsschutzgesetz, die der Psychotherapeut als Arbeitgeber aufgrund einer Quarantäneanordnung des Gesundheitsamtes für seinen Arbeitnehmer erhält.

167 Grundsätzlich kann man sich daran orientieren, dass für den Fall, dass Versicherungsbeiträge Betriebsausgaben bilden, entsprechende Erstattungen aus Inanspruchnahme dieser Versicherungen auch zu den Betriebseinnahmen gehören.

168 Keine Betriebseinnahme liegt somit bei der Auszahlung einer Lebensversicherung bzw. bei der Auszahlung von Leistungen aus der Krankentagegeldversicherung bzw. bei Zahlungen aus einer Praxisausfallversicherung bei Krankheits- oder unfallbedingter Arbeitsunfähigkeit des Psychotherapeuten vor.

169 Sofern die Praxis aufgrund einer behördlichen Anordnung nach dem Infektionsschutzgesetz (z. B. im Zuge der Corona-Pandemie) geschlossen wird, steht Ihnen unter bestimmten Voraussetzungen ein Entschädigungsanspruch nach dem IfSG zu. Dieser ist steuerfrei unterliegt jedoch dem Progressionsvorbehalt.

170 **Einnahmen aus der vertragspsychotherapeutischen Tätigkeit:** Honorare der kassenärztlichen Vereinigung sind Betriebseinnahmen für den Psychotherapeuten. Der Psychotherapeut wählt zumeist als Gewinnermittlungsmethode die sog. Einnahmen-Überschuss-Rechnung (vgl. Kapitel 4.2.1) d. h. die Honorare werden erst dann zu Betriebseinnahmen, wenn sie zugeflossen sind. Die monatlichen Abschlagszahlungen wie auch die quartalsweisen Abrechnungen der kassenärztlichen Vereinigung werden mithin mit Zugang auf dem Bankkonto des Psychotherapeuten zu Betriebseinnahmen.

171 Bei der Einnahmen-Überschuss-Rechnung sind auch sämtliche Vorschüsse, Teil- und Abschlagszahlungen als Zufluss zu erfassen. Dies gilt auch dann, wenn feststeht, dass eine Überzahlung vorliegt, die zu einem späteren Zeitpunkt zurückgezahlt werden muss. Die Rückerstattung zum späteren Zeitpunkt wird dann als Betriebsausgabe angesetzt.

172 **Förderungen:** Werden Ihnen Fördermittel (z. B. Zuschüsse zur Liquiditätsstützung) gewährt, sind diese in den meisten Fällen als Einnahmen zu erfassen und zu versteuern. In diesem Zusammenhang wird in der Regel in den Ausführungsbestimmungen der jeweiligen Förderprogramme darauf hingewiesen, ob diese

Zuschüsse steuerfrei bleiben oder als zu versteuernde Einnahmen zu erfassen sind. Bitte klären Sie dies im Einzelfall mit Ihrem Steuerberater.

Bei der Aufnahme von Förderkrediten (bspw. von der KFW-Bank) ist der Zinsvorteil nicht als Einnahme zu erfassen. 173

Nachzahlung von Betriebseinnahmen: Für Nachzahlungen von Honoraransprüchen aus mehreren Jahren (§ 34 Abs. 2 Nr. 4 EStG) kann die Fünftel-Reglung des § 34 Abs. 1 EStG steuerliche Vorteile bringen. Voraussetzung ist, dass die nachträglich erhaltenen Einnahmen Honoraransprüche aus mehreren Jahren darstellen. In diesem Fall – so stellt der BFH[23] fest – liegen außerordentliche Einkünfte vor, für die eine ermäßigte Besteuerung nach der Fünftel-Regelung zum Ansatz kommt. Ist der Psychotherapeut kirchensteuerpflichtig, kann er eventuell einen Kirchensteuererlass beantragen, dies ist abhängig von seinem Wohnsitz und seiner Religionsgemeinschaft. 174

Natural-/Sachleistungen: Betriebseinnahmen können bisweilen auch in Naturalien bestehen. Einnahmen, die nicht in Geld bestehen, sind mit dem gemeinen Wert einkommenserhöhend anzusetzen. 175

Beispiel
Aus Anlass eines Vortrages erhält ein Psychotherapeut vom Veranstalter eine wertvolle Sonderausgabe zur Geschichte der Psychotherapie geschenkt. Der Kaufpreis muss als Betriebseinnahme erfasst werden.

Nebeneinnahmen: Einnahmen aus Nebentätigkeiten, wie z. B. aus Fachvorträgen, Schriftstellerei oder Gutachtertätigkeiten sind ebenfalls zu den Betriebseinnahmen des Psychotherapeuten zu zählen. 176

Eine Ausnahme gilt für sog. Übungsleitertätigkeiten z. B. für Lehrtätigkeiten, für eine öffentlich-rechtliche oder eine gemeinnützige Institution. Diese sind nach § 3 Nr. 26 EStG bis zu einer Summe von jährlich 3.000 EUR steuerfrei. 177

Praxisaufgabe und **Praxisveräußerung**: Zu den Betriebseinnahmen aus der psychotherapeutischen Tätigkeit zählt auch der Gewinn, der bei der Aufgabe oder der Veräußerung einer psychotherapeutischen Praxis erlöst wird. Aufgabe und Veräußerung sind im Steuerrecht gleichgestellt. Sie müssen innerhalb eines kurzen Zeitraums durchgeführt werden. Für den Veräußerungs- oder Aufgabegewinn werden unter bestimmten Voraussetzungen steuerliche Vergünstigungen gewährt. Hat der Veräußerer das 55. Lebensjahr vollendet oder ist er dauernd berufsunfähig, so kann ein Freibetrag von maximal 45.000 EUR vom Veräußerungsgewinn abgezogen werden (§ 18 Abs. 3 Satz 2 i. V. m. § 16 Abs. 4 EStG). Der Freibetrag wird in dem Maße geringer, als der Veräußerungsgewinn die Summe von 136.000 EUR überschreitet. Mithin entfällt ein Freibetrag ganz, wenn der Veräußerungsgewinn mehr als 181.000 EUR beträgt. Zudem können Veräußerungsgewinne begünstigt besteuert werden (zu den Einzelheiten siehe Kapitel 6). 178

23 BFH-Urteil vom 14.12.2006, BFH-NV 2007, S. 342.

179 **Veräußerung von Praxisvermögen:** Zu den Betriebseinnahmen des Psychotherapeuten gehören auch die Veräußerungserlöse einzelner praxiseigener Wirtschaftsgüter wie z. B. der Praxiseinrichtung oder des Praxis-Pkw.

Beispiel
Ein Psychotherapeut verkaufte einen Aktenschrank, den er vor 5 Jahren für 2.000 EUR erworben hat für 1.500 EUR an einen Kollegen. Der aktuelle Restbuchwert des Aktenschranks beträgt 1.000 EUR. Im Rahmen der Praxisbuchhaltung ist ein Gewinn in Höhe von 500 EUR zu erfassen (Verkaufspreis 1.500 EUR abzgl. Restbuchwert 1.000 EUR = 500 EUR).

180 Erfolgt die Veräußerung dieser Gegenstände im Zusammenhang mit einer Praxisschließung, siehe Kapitel 6.2.2 Aufgabe der Praxis ohne Nachfolger.

181 Auch der Veräußerungserlös aus der Veräußerung eines halben Kassensitzes bzw. des ganzen Kassensitzes, wenn der Psychotherapeut nur noch seine Privattätigkeit fortführen möchte, ist als Betriebseinnahme zu erfassen. Allerdings ist in diesen Fällen auch der Beschluss des BGH (siehe TZ 101) zu beachten, der den isolierten Verkauf von Patienten als strafrechtlich relevant einordnet.

182 **Privatärztliche Verrechnungsstelle:** Rechnet ein Psychotherapeut seine Privateinnahmen über eine privatärztliche Verrechnungsstelle ab, so gelten diese Honorare bereits mit Eingang bei der Verrechnungsstelle als zugeflossen. Dies gilt auch, wenn der Psychotherapeut die Abrechnung und die Auszahlung der für ihn eingegangenen Honorare mit der privatärztlichen Verrechnungsstelle zu bestimmten Terminen vereinbart. Die privatärztliche Verrechnungsstelle vereinnahmt die Beträge insoweit als Bevollmächtigte des Psychotherapeuten. Sofern ein sogenanntes echtes Factoring mit der Verrechnungsstelle geschlossen wurde, gelten die Einnahmen im Zeitpunkt der Einreichung bei der Verrechnungsstelle als zugeflossen. Auf die Patientenzahlungen kommt es dann nicht mehr an.

183 **Vermietung von Praxisräumen:** Werden Praxisräume untervermietet, so sind die hieraus erzielten Einnahmen als Nebeneinnahmen zu den Praxiseinnahmen in der Gewinnermittlung zu berücksichtigen.

4.3.2 ABC der Betriebsausgaben

184 Betriebsausgaben sind nach § 4 Abs. 4 EStG die durch den Betrieb veranlassten Aufwendungen, also alle mit der psychotherapeutischen Berufsausübung in einem tatsächlichen oder wirtschaftlichen Zusammenhang stehenden Ausgaben. Von den Betriebsausgaben abzugrenzen sind private Ausgaben, wie z. B. Kosten für private Lebenshaltung, Vorsorgeaufwendungen, private Versicherungsaufwendungen, Einkommensteuerzahlungen und Sparanlagen.

185 Zum Nachweis dafür, dass Betriebsausgaben tatsächlich durch die Praxis veranlasst worden sind, müssen sie „glaubhaft gemacht werden“, oder bei Zweifeln dem Finanzamt nachgewiesen werden. Bei der Einnahmen-Überschuss-Rechnung dürfen Betriebsausgaben grundsätzlich in dem Zeitpunkt gewinnmindernd

berücksichtigt werden, in dem sie abfließen; also die entsprechende Zahlung tatsächlich erfolgt. Nicht alle in der psychotherapeutischen Praxis anfallenden Ausgaben dürfen jedoch sofort und uneingeschränkt als Betriebsausgabe abgezogen werden (§§ 4 Abs. 5, 5b, 6, 9 EStG). Es ist zu unterscheiden, zwischen

- **sofort abzugsfähigen** Betriebsausgaben, wie z. B. den Aufwendungen für Personal, Miete, Büromaterial,
- den **begrenzt abzugsfähigen** Betriebsausgaben, wie z. B. die Bewirtung von Kollegen,
- **nicht abzugsfähigen** Betriebsausgaben, wie z. B. Geschenke über 50 EUR (bis 31.12.2023: 35 EUR) an Personen, die nicht Arbeitnehmer des Psychotherapeuten sind und
- sukzessiv **abzugsfähigen** Betriebsausgaben, wie z. B. solche für die Anschaffung von Anlagegütern.

Absetzung für Abnutzung (Abschreibung): Die Anschaffung oder die Einlage aus dem Privatvermögen von Anlagevermögen, also von Gegenständen, die längerfristig in der Praxis verbleiben (bspw. Pkw, Schreibtisch) führen nicht zum Sofortabzug im Jahr der Anschaffung, denn die Zahlung des Kaufpreises stellt zunächst keinen Wertverzehr, sondern nur eine Vermögensumschichtung (Geld gegen Praxisgegenstand) dar. Der Werteverzehr für diese Gegenstände tritt erst mit der Abnutzung der Gegenstände ein. Deshalb sind die Anschaffungs- oder Herstellungskosten oder im Falle der Einlage, der Wert des Gegenstandes im Zeitpunkt der Einlage, auf die Jahre der betriebsgewöhnlichen Nutzungsdauer zu verteilen. Die anteilig in den Folgejahren zu berücksichtigenden Beträge nennt man Abschreibungen oder Absetzung für Abnutzung. **186**

Eine Ausnahme bilden die sogenannten geringwertigen Wirtschaftsgüter (siehe hierzu TZ 256). **187**

Die Dauer der Abschreibung ist nicht frei wählbar, sondern den vom Bundesfinanzministerium herausgegebenen AfA-Tabellen für jedes Wirtschaftsgut gesondert zu entnehmen (AfA-Tabelle für den Zweig Gesundheitswesen). **188**

Für die Bestimmung des Abnutzungsbetrages ist das abnutzbare Anlagevermögen in drei Gruppen zu unterteilen: **189**

1. Bewegliche materielle Wirtschaftsgüter
2. Immaterielle Wirtschaftsgüter
3. Gebäude und Gebäudebestandteile.

Für die einzelnen Gruppen von Wirtschaftsgütern bestehen unterschiedliche Abschreibungsmöglichkeiten. **190**

Bewegliche materielle Wirtschaftsgüter: Bewegliche materielle Wirtschaftsgüter sind vorwiegend Praxiseinrichtungsgegenstände, medizinische Praxisgeräte sowie Bürogeräte und die EDV-Hardware. Diese beweglichen Wirtschaftsgüter des psychotherapeutischen Anlagevermögens werden grundsätzlich linear über die **191**

nach den AfA-Tabellen festzulegende Nutzungsdauer abgeschrieben, d. h. die Anschaffungskosten für das Wirtschaftsgut werden gleichmäßig über die voraussichtliche Nutzungsdauer verteilt (§ 7 Abs. 1 EStG).

Beispiel
Ein Psychotherapeut kauft einen Aktenschrank zur Aufbewahrung der Patientenunterlagen. Die Anschaffungskosten betragen 2.000 EUR. Die voraussichtliche Nutzungsdauer liegt laut AfA-Tabelle bei zehn Jahren. Bei Inanspruchnahme der linearen AfA beträgt die jährliche Abschreibung, die als Betriebsausgabe abgesetzt werden kann, 200 EUR. Wird ein Wirtschaftsgut während des Jahres angeschafft, so kann für das Jahr der Anschaffung nur eine zeitanteilige Abschreibung geltend gemacht werden (sogenannte *pro rata temporis* Regelung).

192 Die Nutzungsdauer für Computerhardware und Software wurde ab dem Veranlagungszeitraum 2021 auf ein Jahr reduziert. Die Anschaffungskosten können daher im Jahr der Anschaffung in voller Höhe steuerlich geltend gemacht werden.

193 Für Wirtschaftsgüter, die nach dem 31.03.2024 und vor dem 01.01.2025 angeschafft werden, kann statt der linearen Abschreibung die sog. degressive Abschreibung gewählt werden. Der degressive Abschreibungssatz beträgt das Zweifache des linearen Abschreibungssatzes, maximal jedoch 20 %. Im Gegensatz zur linearen Abschreibung wird der Abschreibungssatz auf den jeweiligen Restwert angewendet, sodass sich der Abschreibungsbetrag jährlich reduziert.

Beispiel
Ein Psychotherapeut kauft einen Aktenschrank zur Aufbewahrung der Patientenunterlagen. Die Anschaffungskosten betragen 2.000 EUR. Die voraussichtliche Nutzungsdauer liegt laut AfA-Tabelle bei zehn Jahren (10 % p. a.). Der degressiven AfA- Satz beträgt somit 20 %. Im Jahr der Anschaffung können somit 400 EUR als Abschreibung geltend gemacht werden, der Restwert beträgt 1.600 EUR. Im zweiten Jahr ergibt sich eine Abschreibung von 320 EUR (1.600 EUR x 20 %). Der Restwert beträgt 1.280 EUR. Die Abschreibung im dritten Jahr beträgt dann 256 EUR. Unterschreitet der degressive Abschreibungsbetrag den linearen Abschreibungssatz, kann zur linearen Abschreibung gewechselt werden.

194 Zusätzlich zur linearen und degressiven Abschreibung können unter bestimmten Voraussetzungen noch Sonderabschreibungen für bewegliche materielle Wirtschaftsgüter geltend gemacht werden (s. TZ 214).

195 Neben der linearen und degressiven Abschreibung sind außergewöhnliche Absetzungen für technische oder wirtschaftliche Abnutzungen möglich.

Beispiel
Ein Gerät mit einer geschätzten Nutzungsdauer von zehn Jahren ist nach drei Jahren aufgrund der Markteinführung eines neuen, deutlich besseren Gerätes entwertet. Bei linearer Abschreibung der Anschaffungskosten über den Nutzungszeitraum beträgt der Restbuchwert des Gerätes nach drei Jahren noch 70 % der Anschaffungskosten. Dieser Restbuchwert kann aufgrund einer außergewöhnlichen Absetzung für technische oder wirtschaftliche Abnutzung auf den noch zu erzielenden Veräußerungspreis oder den Schrottwert gewinnmindernd verringert werden.

196 Zu den Sonderfällen geringwertiger Wirtschaftsgüter, der Sammelbewertung oder des Investitionsabzugsbetrags siehe unter dem jeweiligen Stichwort (siehe TZ 256, 285, 211).

Immaterielle Wirtschaftsgüter: Für immaterielle Wirtschaftsgüter des Anlagevermögens ist ein Aktivposten nur dann anzusetzen, wenn diese entgeltlich erworben worden sind. Die Einlage eines immateriellen Wirtschaftsguts aus dem Privatvermögen eröffnet demnach nicht die Möglichkeit der Abschreibung. **197**

Zu den wichtigsten immateriellen Wirtschaftsgütern bei Psychotherapeuten zählen **198**

- der entgeltlich erworbene Praxiswert,
- Software,
- erworbene Lizenzen.

Immaterielle Wirtschaftsgüter dürfen nur nach der linearen Abschreibungsmethode (§ 7 Abs. 1 EStG) abgeschrieben werden. Mithin wird die gleichmäßige Verteilung der Anschaffungskosten auf die Nutzungsdauer vorgegeben. **199**

Die Nutzungsdauer eines Praxiswerts ist von der Rechtsprechung für Einzelpraxen auf drei bis fünf Jahre festgelegt worden.[24] Wird nicht eine Einzelpraxis übertragen, sondern ein Anteil an einer Berufsausübungsgemeinschaft, geht die Finanzverwaltung von einer längeren Nutzungsdauer aus. Aus Vereinfachungsgründen wurde dieser Wert auf sechs bis zehn Jahre festgesetzt, also der doppelten Zeit im Vergleich zu dem Goodwill einer Einzelpraxis. **200**

Der Wahl des Abschreibungszeitraums für den Praxiswert zwischen drei und fünf bzw. sechs und zehn Jahren geht eine betriebswirtschaftliche Überlegung voraus. Eine möglichst kurze Abschreibungsperiode hat einen positiven Finanzierungseffekt, da die mit der Abschreibung verbundenen Steuerminderungen und Steuervorteile in relativ kurzer Zeit erzielt werden können. Dies gilt aber nur dann, wenn der Steuersatz für die Jahre der Abschreibung auch gleich hoch ist, möglichst nah am sogenannten Spitzensteuersatz von zurzeit 42 %. Ab einem Einkommen von 277.826 EUR beträgt dieser 45 %. **201**

Nicht selten erweist sich jedoch eine gestreckte Abschreibung über einen längeren Zeitraum als die bessere Variante. So wird der Inhaber einer psychotherapeutischen Praxis zum Beispiel in den Anfangsjahren eher durchschnittlich als gut verdienen. Erst später steigen die Gewinne. Bei einer solchen Entwicklung kann es besser sein, wenn aufgrund des gewählten längeren Abschreibungszeitraums dann auch Abschreibungsbeträge zur Verfügung stehen, die mit den höheren Einnahmen verrechnet werden können. **202**

Zur Abschreibbarkeit des isolierten Erwerbes einer Zulassung siehe Kapitel 3.4.3. **203**

Die Software ist als selbstständiges Wirtschaftsgut anzusehen, obwohl sie nur im Zusammenhang mit dem jeweiligen Computer, der Hardware, nutzungsfähig ist. Die Abschreibung von Software ist im Wege der linearen AfA gleichmäßig auf die **204**

24 BFH vom 28.09.1993 - VIII R 67/92, BStBl 1994 II 449; BFH vom 24.02.1994 - IV R 33/93, BStBl 1994 II 590; siehe auch BMF v. 15.01.1995, BStBl 1995 I 14.

Nutzungsdauer zu verteilen. Zu den Anschaffungskosten der Software zählen sowohl der Kaufpreis für das Programm als auch die Kosten für die Programminstallation. Die Finanzverwaltung geht in der Regel von einer Nutzungsdauer für Software von einem Jahr (bis 31.12.2020: von drei Jahren) aus.

205 Die degressive Abschreibung oder die Sonderabschreibung nach § 7g EStG ist für immaterielle Wirtschaftsgüter, also auch für die Software, nicht möglich.

206 **Gebäude und Gebäudebestandteile:** Die Anschaffungs- oder Herstellungskosten für Gebäude im Betriebsvermögen des Psychotherapeuten dürfen nur über die Absetzung für Abnutzung als Betriebsausgabe berücksichtigt werden.

207 Nach § 7 Abs. 4 EStG werden die Anschaffungs- oder Herstellungskosten eines betrieblich genutzten Gebäudes nach der linearen AfA in gleichmäßigen Jahresbeiträgen auf die voraussichtliche Nutzungsdauer verteilt. Dabei gelten folgende festgelegte Abschreibungssätze:

Tab. 1: Abschreibung von Gebäuden:

bei Betriebsgebäuden mit Bauantrag nach dem 31.03.1985, die **nicht** Wohnzwecken dienen	jährlich 3 %
bei Gebäuden mit Fertigstellung nach dem 31.12.2022, die Wohnzwecken dienen	jährlich 3 %
bei Gebäuden mit Fertigstellung nach dem 31.12.1924 und vor dem 01.01.2023, die Wohnzwecken dienen	jährlich 2 % (Nutzungsdauer 50 Jahre)
bei Gebäuden mit einer Fertigstellung vor dem 01.01.1925, die Wohnzwecken dienen	jährlich 2,5 %

208 Neben der linearen Abschreibung ist die degressive Abschreibung für Praxisgebäude oder Gebäudeteile möglich. Diese Abschreibungsmethode wurde in der Vergangenheit häufig vom Gesetzgeber geändert und mittlerweile praktisch abgeschafft. Gesonderte Abschreibungsmöglichkeiten mit erhöhten Absetzungsdaten gelten für Gebäude in Sanierungsgebieten oder für denkmalgeschützte Praxisgebäude.

209 Werden Teile eines Gebäudes zu Praxiszwecken und andere Teile zu außerbetrieblichen Zwecken (z. B. eigenen Wohnzwecken) genutzt, so sind nur die betrieblich genutzten Teile der Anschaffungs- oder Herstellungskosten abschreibbar.

210 Gehört ein Gebäude dem Psychotherapeuten A und seiner Schwester B zu jeweils 50 % und A betreibt seine Praxis in dem Gebäude, so gehören 50 % der Praxisimmobilie zum notwendigen Praxisvermögen und nur insoweit können die Anschaffungs- oder Herstellungskosten in der Praxis abgeschrieben werden. Damit B die Aufwendungen für die Immobilie steuerlich geltend machen kann, muss A eine Miete (=Betriebsausgaben) an B für die restlichen 50 % zahlen. B muss dann zwar die Mieteinnahmen versteuern, kann dafür aber auch entsprechend ihren Anteil an der Abschreibung geltend machen.

Investitionsabzugsbetrag: Seit 2007 können Steuerpflichtige, deren Gewinn im Jahr des Abzugs nicht mehr als 200.000 € beträgt, gem. § 7g EStG unter bestimmten Voraussetzungen für die künftige Anschaffung oder Herstellung eines abnutzbaren beweglichen (auch gebrauchten) Wirtschaftsgutes des Anlagevermögens bis zu 50 % (bis 31.12.2019: 40 %) der voraussichtlichen Anschaffungs- oder Herstellungskosten gewinnmindernd abziehen. Dem Praxisinhaber erwächst ein Liquiditätsvorteil dadurch, dass er die Steuerersparnis auf den sog. Investitionsabzugsbetrag gewinnbringend anlegt und zur späteren Finanzierung des Anlagegegenstandes einsetzt. Die Vorgehensweise ist dabei folgende: 211

Wird eine Investition in ein bewegliches Wirtschaftsgut wie z. B. einen Praxis-Pkw in einem Zeitraum bis zum Ende des dritten auf die Bildung des Investitionsabzugsbetrags folgenden Jahres geplant, kann der Steuerpflichtige im Vorgriff einen Betriebsausgabenabzug in Höhe von maximal 50 % (bis 31.12.2019: 40 %) der voraussichtlichen Anschaffungskosten oder Herstellungskosten gewinnmindernd berücksichtigen. Bei dem Pkw ist jedoch zu beachten, dass mindestens eine betriebliche Nutzung von 90 % nachgewiesen werden muss. 212

Investitionsabzugsbeträge können ohne weitere Angaben oder Nachweise geltend gemacht werden. Der Abzugsbetrag ist jedoch in der Anlage EÜR anzugeben und elektronisch an das Finanzamt zu übermitteln. Der Höchstbetrag des Abzugsbetrages ist auf insgesamt 200.000 EUR begrenzt. Zum Zeitpunkt der Anschaffung des betreffenden Wirtschaftsgutes wird der geltend gemachte Abzugsbetrag gewinnerhöhend hinzugerechnet und die Anschaffungskosten des Wirtschaftsgutes entsprechend gekürzt. Der gekürzte Betrag dient dann als Bemessungsgrundlage für die künftige Abschreibung, womit der hinzugerechnete Auflösungsbetrag ganz oder teilweise wieder kompensiert wird. Wird das Wirtschaftsgut nicht angeschafft, ist der Abzug rückgängig zu machen. Kommt es dabei zu einer rückwirkenden Erhöhung der Steuerschuld, ist diese gemäß § 233a i. V. m. § 238 Abs. 1a AO mit 0,15 % für jeden vollen Monat (für Zeiträume vor 2019 mit 0,5 % für jeden vollen Monat) zu verzinsen. 213

Beispiel
Ein Psychotherapeut plant in 2023, dass er in 2024 neues Mobiliar erwerben wird. Voraussichtliche Anschaffungskosten 50.000 EUR. Er kann in 2023 einen Investitionsabzugsbetrag in Höhe von maximal 50 % x 50.000 EUR bilden und somit sein zu versteuerndes Einkommen um 25.000 EUR verringern. In 2024 erwirbt er das Mobiliar für 60.000 EUR, löst den Abzugsbetrag auf und verringert gleichzeitig die Anschaffungskosten um den Auflösungsbetrag. Die AfA Bemessungsgrundlage beläuft sich auf 35.000 EUR. Neben der regulären Abschreibung besteht zusätzlich die Möglichkeit der 20 %-igen Sonderabschreibung nach § 7g Abs. 5 EStG (siehe TZ 214).

Unabhängig von der Inanspruchnahme des Investitionsabzugsbetrags besteht als zusätzliche Fördermaßnahme die Möglichkeit einer Sonderabschreibung nach § 7g Abs. 5 EStG. Bei abnutzbaren beweglichen Gütern des Anlagevermögens können neben der regulär möglichen Absetzung für Abnutzung nach § 7 Abs. 1 und 2 EStG im Jahr der Anschaffung bzw. Herstellung und den darauf folgenden 214 vier Jahren bis zu insgesamt 40 % (bei Anschaffung vor dem 01.01.2024: 20 %) zusätzliche Abschreibungen in Anspruch genommen werden. Hierdurch hat der Psychotherapeut ein Gestaltungsinstrument, mit dem er seine Steuerbelastung entsprechend seiner Grenzsteuersätze steuern kann.

215 Die Inanspruchnahme des Investitionsabzugsbetrages sowie der Sonderabschreibung nach § 7g Abs. 5 EStG ist an das Nichtüberschreiten bestimmter Größenmerkmale gebunden. Praxen dürfen im Jahr vor Inanspruchnahme des Investitionsabzugsbetrages bzw. vor Anschaffung des Wirtschaftsgutes einen Gewinn von höchstens 200.000 EUR erzielen.

216 **Häusliches Arbeitszimmer:** Man spricht von Aufwendungen für ein häusliches Arbeitszimmer, wenn der Psychotherapeut neben seiner Praxis im eigenen Haus einen Raum vorhält, in dem er Büro- und Verwaltungsarbeiten ausübt. Mit Wirkung zum 01.01.2023 wurden die Regelungen zum häuslichen Arbeitszimmer vom Gesetzgeber neu geregelt.

217 Nach § 4 Abs. 5 Nr. 6b EStG sind die Aufwendungen für ein solches Arbeitszimmer nur dann als Betriebsausgabe abzugsfähig, wenn das häusliche Arbeitszimmer den **Mittelpunkt der gesamten betrieblichen Tätigkeit** bildet. Selbst bei einem Psychotherapeuten, der überwiegend Gerichtsgutachten erstellt und hierzu außerhalb des Arbeitszimmers Gespräche mit Probanden vornimmt, liegt die Voraussetzung des Tätigkeitsschwerpunktes nicht mehr im häuslichen Arbeitszimmer, sodass hierfür ein Betriebsausgabenabzug nicht in Betracht kommt.[25] Demnach dürfte in der Praxis der Nachweis für ein Arbeitszimmer außerhalb der eigenen Praxis nur schwer zu erbringen sein.

218 In den Fällen, in denen das Arbeitszimmer den Mittelpunkt der beruflichen und betrieblichen Tätigkeit bildet, so können die Aufwendungen unbegrenzt geltend gemacht werden. Anstelle der tatsächlichen Aufwendungen kann jedoch auch pauschal ein Betrag von 1.260 € (Jahrespauschale) geltend gemacht werden. Die Jahrespauschale ermäßigt sich für jeden Kalendermonat, in dem die Voraussetzungen nicht vorlagen, um ein Zwölftel[26].

219 Bildet das Arbeitszimmer nicht den Mittelpunkt der beruflichen und betrieblichen Tätigkeit, so kann die sogenannte Home-Office-Pauschale in Höhe von 6 EUR pro Tag (2020 bis 2021: 5 EUR), max. 1.260 EUR (2020 bis 2021: max. 600 EUR) pro Jahr geltend gemacht werden (siehe hierzu TZ 60).

220 Unabhängig von den Aufwendungen für das Arbeitszimmer selbst (z. B. Gebäudeabschreibung, Aufwendungen für direkte Raumkosten, Tapeten, Bodenbelag, Gardinen) hat der BFH[27] in einem Urteil bestätigt, dass sich die Einschränkung des Betriebsausgabenabzugs für Arbeitszimmer nicht auch auf Arbeitsmittel beziehen,

25 Urteil vom 23.01.2003, BFH/NV 2003, S. 859.
26 BMF vom 15.08.2023 - IV C 6 - S 2145/19/10006 :027 BStBl 2023 I S. 1551, RZ 21.
27 BFH vom 21.11.1997, BStBl II 1998, S. 351.

die in diesem Arbeitszimmer genutzt werden. Daher sind selbst dann, wenn das Arbeitszimmer nicht zum Betriebsausgabenabzug zugelassen wird oder die Jahrespauschale geltend gemacht wird, die Aufwendungen für Computer, Schreibtisch und die dazu gehörigen Gegenstände einschließlich der Regale für Fachliteratur im Arbeitszimmer absetzbar (siehe Anlage: Arbeitszimmer – ABC der abzugsfähigen Kosten).

Arbeitsverhältnisse: Ein Psychotherapeut, der Personal anstellt, hat verschiedene 221
verfahrensrechtliche Vorkehrungen zu treffen, so ist u. a. ein Arbeitsvertrag abzuschließen, der Arbeitsinhalt, Arbeitszeit und das Gehalt regelt. Darüber hinaus hat der Arbeitgeber die auf das Gehalt zu entrichtende Lohnsteuer einzubehalten und für den Arbeitnehmer an das zuständige Finanzamt abzuführen. Die vom Arbeitgeber und Arbeitnehmer zu entrichtenden Sozialversicherungsbeiträge sind durch den Arbeitgeber zu berechnen, bei den zuständigen Sozialversicherungsträgern anzumelden und fristgerecht abzuführen. Des Weiteren ist für jeden Arbeitnehmer ein Lohnkonto[28] zu führen, aus dem u. a. das monatliche Gehalt sowie die abgeführten Beiträge zu entnehmen sind.

Arbeitsverhältnisse mit Angehörigen: Aus Gründen der Kostenersparnis werden 222
häufig Ehepartner oder eigene Kinder im jugendlichen Alter im Rahmen der Praxis eingesetzt, z. B. als Helfer für Büroarbeiten, Honorarabrechnungen, am Empfang usw.

Für die steuerliche Anerkennung von Arbeitsverhältnissen zwischen dem Psycho- 223
therapeuten und dem Ehepartner oder anderen nahen Angehörigen ist es erforderlich, dass diese ernsthaft vereinbart und entsprechend der schriftlich gefassten vertraglichen Regelungen auch tatsächlich durchgeführt werden. Es ist also stets Voraussetzung, dass

- ein schriftlicher Arbeitsvertrag geschlossen wird,
- die Arbeitsleistung tatsächlich erbracht wird,
- die vereinbarte Vergütung angemessen ist, d. h. einem Fremdvergleich standhält und
- der vereinbarte Arbeitslohn tatsächlich zur Auszahlung kommt.

Bei Arbeitsverhältnissen ist die monatliche Auszahlung des Arbeitslohns üblich. 224
Insbesondere dann, wenn aufgrund familiärer Verbindungen eine hiervon abweichende unübliche Zahlungsweise praktiziert wird, kommt es zur Ablehnung des Betriebsausgabenabzugs, so z. B. bei unüblicher jährlicher Einmalauszahlung oder bei Barabhebung des Arbeitslohns und Auszahlung zusammen mit dem monatlichen Haushaltsgeld.[29]

28 § 4 LStDV.
29 BFH vom 20.04.1989, BStBl 1989 II, S. 655.

225 Arbeitslohnzahlungen an Familienangehörige sollten daher stets auf ein Konto des bezugsberechtigten Familienangehörigen erfolgen, über das der Bezugsberechtigte möglichst alleine Verfügungsgewalt hat.

226 Bei Arbeitsverhältnissen mit Kindern muss insbesondere darauf geachtet werden, dass die zu erbringende Dienstleistung (z. B. Büroarbeiten, Praxisabrechnungen, Unterstützung am PC) auch mit einem fremden Dritten in dieser Form vereinbart würde. Werden die vereinbarten Hilfeleistungen aufgrund ihrer Geringfügigkeit oder Eigenart üblicherweise nicht auf arbeitsvertraglicher Grundlage erbracht (so z. B. bei der Übernahme des Telefondienstes am Wochenende) erkennt die Finanzverwaltung den Arbeitsvertrag nicht an.

227 Die oben genannten Grundsätze der Ernsthaftigkeit, tatsächlichen Durchführung und Fremdvergleichsmöglichkeit gelten auch für mit Familienangehörigen abgeschlossene Mietverträge und Darlehensverträge.

228 **Ausbildungskosten:** Seit 2004 sind gem. § 12 Nr. 5 EStG die Kosten für eine erstmalige Berufsausbildung und für ein Erststudium ohne Bezug zu einem Dienstverhältnis Kosten der privaten Lebensführung. Diese sind gem. § 10 Abs. 1 Nr. 7 EStG als Sonderausgaben bis zu einem Betrag von 6.000 EUR abzugsfähig (siehe auch TZ 44 ff.).

229 Die Kosten eines Zweitstudium oder einer zweiten Berufsausbildung sind jedoch unbeschränkt als Betriebsausgaben abzugsfähig, sofern ein konkreter, objektiv feststellbarer Zusammenhang mit späteren Einnahmen besteht.

230 Daher sind die Kosten des Masterstudiengangs unbeschränkt als Ausbildungskosten abzugsfähig, da es sich hierbei um ein Zweitstudium handelt[30].

231 Auch die Kosten für eine zweite Ausbildung bzw. Umschulung oder eines Erststudiums nach einer abgeschlossenen nichtakademischen Berufsausbildung sind unbeschränkt abzugsfähig, wenn hierdurch später Einnahmen erzielt werden sollen. So kann z. B. ein ausgebildeter Erzieher, der eine Umschulung zum Psychotherapeuten anstrebt, die Kosten der gesamten Ausbildung zum Psychotherapeuten geltend machen.

232 Aufwendungen für eine berufliche Fort- und Weiterbildung sind ebenfalls als Betriebsausgaben abzugsfähig, bspw. die Aufwendungen für eine Bereichsweiterbildung, wie bspw. Psychotherapie bei Diabetes, Spezielle Schmerzpsychotherapie oder weitere Psychotherapieverfahren.

233 Im Einzelnen können im Rahmen der Ausbildungskosten zum Ansatz kommen: Arbeitsmittel, Kosten für das häusliche Arbeitszimmer, Mehraufwendungen für Verpflegung, Mehraufwendungen wegen auswärtiger Unterbringung, Fachlite-

30 BMF-Schreiben vom 22.09.2010; IV C 4 -S 2227/07/10002, Rz 23.

ratur, Fahrten zwischen Wohnung und Ausbildungsstelle sowie Studien- oder Lehrgangsgebühren.[31]

Beiträge: Die Beiträge zur Landespsychotherapeutenkammer oder zu Berufsverbänden sind als Betriebsausgaben abzugsfähig. Die Beiträge an das Versorgungswerk sind nicht als Betriebsausgaben abzugsfähig (siehe hierzu aber TZ 67 ff.). 234

Bewirtungskosten: Für alle freien Berufe, also auch für Psychotherapeuten, gelten für die Abzugsfähigkeit von Bewirtungskosten die gleichen Grundsätze. An den Nachweis der Bewirtungskosten werden strenge Anforderungen gestellt. Unübliche und überhöhte Bewirtungskosten sind nicht abzugsfähig. 235

Nach dem BFH[32] liegt eine Bewirtung nur vor, wenn die Darreichung von Speisen eindeutig im Vordergrund steht und die Bewirtungskosten nicht generell unangemessen sind. Besuche von Nachtlokalen mit verschiedenen Darbietungen stehen mit ihren Aufwendungen in einem offensichtlichen Missverhältnis zum Wert der verzehrten Speisen oder Getränke und führen regelmäßig dazu, dass die Aufwendungen nach ihrer Art als unangemessen anzusehen sind. 236

Bewirtungsaufwendungen für eine Jubiläumsfeier anlässlich des zehnjährigen Bestehens einer psychotherapeutischen Praxis werden dann grundsätzlich anerkannt, wenn überwiegend Geschäftsfreunde und Kollegen eingeladen sind und dies auch nachgewiesen werden kann. 237

Der Psychotherapeut hat die Höhe der betrieblich veranlassten Bewirtungskosten gem. § 4 Abs. 5 Nr. 2 Satz 2 EStG nachzuweisen[33]. Bei der Bewirtung in einer Gaststätte hat er neben der Rechnung über die Bewirtung folgende Angaben schriftlich zu erfassen (Angabe auf der Rechnung oder einem Eigenbeleg) 238

- Angaben zum Anlass der Bewirtung
- Teilnehmer der Bewirtung
- Unterschrift des Belegs

Die maschinell erstellte und elektronisch aufgezeichnete Rechnung der Gaststätte muss folgende Angaben enthalten: 239

- den Namen und die Anschrift des Bewirtungsbetriebs,
- die Steuer- oder Umsatzsteuer-Identifikationsnummer des leistenden Unternehmers,
- das Ausstellungsdatum,
- die Rechnungsnummer,
- den Tag der Bewirtung,
- den Rechnungsbetrag und

31 BMF-Schreiben vom 22.09.2010. IV C 4 -S 2227/07/10002, Rz 29.
32 BFH vom 16.02.1990, BStBl 1990 II, S. 575.
33 BMF-Schreiben 30.06.2021 - IV C 6 - S 2145/19/10003.

- die Leistungsbeschreibung. Hier genügen Angaben wie „Menü 1“, „Tagesgericht 1“, nicht aber eine allgemeine Angabe wie „Speisen und Getränke“.
- Name des Psychotherapeuten bei Rechnungen über 250 EUR. Hier genügt es, wenn der Gastwirt den Namen des Psychotherapeuten handschriftlich auf der Rechnung vermerkt.

240 Die Bewirtungskosten sind gesondert von den übrigen Aufwendungen in der Buchhaltung zu erfassen.

241 Die dem Grunde nach angemessenen und der Höhe nach nachgewiesenen Aufwendungen für die Bewirtung von Personen aus geschäftlichem Anlass sind der Höhe nach nur begrenzt, d. h. mit einem Anteil von 70 %, abzugsfähig. Der nicht abzugsfähige Teil von 30 % wird damit begründet, dass durch die Bewirtung die private Lebensführung der daran teilnehmenden Personen auch berührt ist.

242 Werden hingegen ausschließlich Arbeitnehmer bewirtet, so handelt es sich um eine betriebliche Bewirtung. Für diesen Fall entfällt die Kürzung um 30 %.

243 **Betriebsveranstaltung:** Aufwendungen für einen Betriebsausflug und Weihnachtsfeiern sind als Betriebsausgaben in vollem Umfang abzugsfähig. Zu beachten ist allerdings, dass der den Arbeitnehmern zugewendete Sachvorteil nur dann nicht der Lohnsteuer zu unterwerfen ist, wenn bestimmte Voraussetzungen eingehalten werden. Lohnsteuerfrei sind bis zu 110 EUR inkl. Umsatzsteuer pro Arbeitnehmer je Veranstaltung. Übersteigen die Aufwendungen pro Arbeitnehmer diese Grenze, ist die Differenz lohnsteuerpflichtig. Diese Regelung ist auf zwei Betriebsveranstaltungen je Kalenderjahr begrenzt.

244 **Damnum / Disagio:** Ein Damnum oder Disagio wird generell im Zusammenhang mit einem Darlehen als Vorabzinszahlung entrichtet. Es gehört zusammen mit anderen Bestandteilen zu den Kreditkonditionen einer Finanzierung. Das Damnum oder Disagio ist dann regelmäßig die Differenz zwischen beantragtem Darlehen (= 100 %) und dem vereinbarten Auszahlungssatz, ausgedrückt in Prozent. So beträgt z. B. bei einem Auszahlungssatz von 95 % das Damnum oder Disagio 5 %. Steht ein Damnum mit einem für betriebliche Zwecke aufgenommenen Darlehen in Verbindung, so kann es grundsätzlich als Betriebsausgabe abgesetzt werden. Auf eine zusammenhängende zeitnahe Auszahlung von Damnum und Darlehensbetrag ist zu achten (H 11 EStR, Stichwort: Damnum). Bei unüblichen Zinsbedingungen und einem Darlehen mit einer Laufzeit von über 5 Jahren kann das Damnum nur zeitanteilig berücksichtigt werden.

245 **Fachliteratur:** Aufwendungen für Fachzeitschriften sind steuerlich als Betriebsausgaben abzugsfähig. Tageszeitungen oder allgemeine Wochenzeitschriften werden in der Regel jedoch nicht als Betriebsausgaben anerkannt. Derartige Literatur berührt auch die Lebensführung des Steuerzahlers und muss aufgrund des allgemeinen Aufteilungsverbots nach § 12 EStG insgesamt den nicht abzugsfähigen Kosten der Lebensführung zugerechnet werden.

Ausnahmen hierfür gibt es, wenn diese Zeitschriften zu der typischen Wartezimmerlektüre eines Psychotherapeuten gehören oder anderweitig glaubhaft gemacht werden kann, dass diese für den Betrieb notwendig sind. 246

Fachtagungen und Kongresse: Aufwendungen im Zusammenhang mit der Teilnahme an Fachtagungen oder Kongressen können als Betriebsausgaben abgesetzt werden, wenn die Reise ausschließlich oder zumindest überwiegend im beruflichen Interesse unternommen wird. Private Veranlassung muss nach dem Anlass der Reise, dem Programm und der tatsächlichen Abwicklung nahezu ausgeschlossen sein. 247

Wird eine Reise zu einer Fachtagung oder zu einem Kongress sowohl zu beruflichen als auch zu privaten Zwecken genutzt, so sind die Kosten in einen beruflich und einen privat veranlassten Teil aufzuteilen. Meist werden die Zeitanteile einen geeigneten Maßstab bilden. Nur wenn eine Trennung nicht möglich ist, gelten die Kosten als privat veranlasst (§ 12 Abs. 1 Nr. 2 EStG) (siehe hierzu auch TZ 54 ff.). 248

Der berufliche Teil der Kosten ist damit steuerlich absetzbar.[34] 249

Die Rechtsprechung hat folgende Kriterien zur Abgrenzung einer beruflichen oder privaten Veranlassung einer Reise entwickelt: 250

- Das Reiseprogramm muss auf die besonderen beruflichen Bedürfnisse und Gegebenheiten des Steuerpflichtigen abgestellt sein
- Der Teilnehmerkreis bei einer betrieblich anzuerkennenden Reise muss im Wesentlichen homogen und gleichartig sein
- Die fachliche Organisation muss dergestalt sein, dass das Programm straff und fachlich organisiert ist
- Es muss sichergestellt sein, dass die Teilnahme des Steuerpflichtigen an dem Programm feststeht

Liegen die Voraussetzungen der Abzugsfähigkeit der Kosten für Fachtagungen oder Kongresse vor, so sind folgende damit im Zusammenhang stehende Aufwendungen abzugsfähig: 251

- Fahrtkosten (bei Benutzung eines privaten Pkw 0,30 EUR je gefahrenen Kilometer)
- Verpflegungsmehraufwendungen (bei inländischen Fachtagungen und Kongressen Pauschalbeträge in Höhe von 28 EUR oder 14 EUR je nach Dauer von mindestens 24 oder 8 Stunden, bei Auslandsreisen ist die Höhe abhängig vom gewählten Reiseziel
- Übernachtungskosten (gemäß entsprechendem Nachweis)
- Nebenkosten (z. B. Parkgebühren, Taxi, Telefon oder Trinkgeld)

34 BFH-Beschluss vom 21.09.2009, GrS 1/06.

252 Werden Familienangehörige zu der Fachtagung oder dem Kongress mitgenommen, so kann dies für den Betriebsausgabenabzug schädlich sein. Bei Reisebegleitung durch den Ehepartner oder Lebensgefährten liegt eine gemischte private und betriebliche Veranlassung vor. Nach aktueller Rechtsprechung[35] können Reisekosten bei gemischter betrieblicher und privater Veranlassung in abzugsfähige Betriebsausgaben und nicht abzugsfähige Kosten der privaten Lebensführung aufgeteilt werden. Maßgeblich sollen dabei betrieblich und privat veranlasste zeitliche Kontingente der Reise sein, wenn die betrieblich veranlassten Zeitanteile feststehen und nicht von untergeordneter Bedeutung sind.

253 **Fahrtkosten zwischen Wohnung und Praxis:** Fahrten mit dem betrieblichen Pkw zwischen Wohnung und Praxis können ab dem 1. Entfernungskilometer mit 0,30 EUR pro Entfernungskilometer als Betriebsausgabe geltend gemacht werden. Ab 2022 bis 2026 wird die Entfernungspauschale ab dem 21. Entfernungskilometer auf 0,38 EUR (2021: 0,35 EUR) angehoben (s. TZ 53).

254 Ebenso können auch die Aufwendungen für Fahrkarten für die Benutzung öffentlicher Verkehrsmittel geltend gemacht werden, soweit sie den als Entfernungspauschale abziehbaren Betrag übersteigen.

255 **Forderungsausfall:** Kommt es zu einem Forderungsausfall, weil ein Patient seine Rechnung nicht bezahlt, werden diese Einnahmenausfälle steuerlich derart erfasst, dass entgangene Honorare auch nicht zu einer Erhöhung der steuerlich zu berücksichtigenden Betriebseinnahmen führen und somit nicht der Besteuerung unterliegen. Nach dem Einnahmen- und Ausgabenprinzip werden nur die tatsächlich zugeflossenen Einnahmen der Besteuerung unterworfen.

256 **Geringwertige Wirtschaftsgüter:** Die Aufwendungen im Zusammenhang mit der Anschaffung abnutzbarer beweglicher Wirtschaftsgüter des Praxisvermögens sind unter bestimmten Voraussetzungen sofort, d. h. im Anschaffungsjahr voll als Betriebsausgabe in Abzug zu bringen. Die wesentlichen Voraussetzungen hierfür sind:

- Die Anschaffungskosten betragen nicht mehr als 800 EUR (netto)
- Das Wirtschaftsgut muss einer selbstständigen Nutzung fähig sein

257 Infrage kommen hierfür in erster Linie Büroeinrichtungen, Instrumente, Kommunikationsgeräte und sonstige kleinere Ausstattungsgegenstände. Software (s. TZ 204) kann nicht berücksichtigt werden, da es sich um kein bewegliches Wirtschaftsgut handelt, gleiches gilt für unselbstständige Bestandteile eines zusammenhängenden Wirtschaftsguts wie z. B. Tastatur, Monitor oder Drucker einer Computeranlage. Hierfür gilt jedoch seit 2020 eine einjährige Nutzungsdauer, sodass auch diese Aufwendungen im Jahr der Anschaffung in voller Höhe geltend gemacht werden können.

35 BFH vom 22.06.2006, BStBl 2006 II, S. 782, BFM vom 21.09.2009.

Für die Frage, ob bei den geringwertigen Wirtschaftsgütern die Grenze von 800 EUR überschritten ist, ist von den Anschaffungskosten ohne Umsatzsteuer, also von dem reinen Warenpreis auszugehen. 258

Geschenke: Aufwendungen für Geschenke an Geschäftsfreunde oder andere Personen, die nicht Arbeitnehmer des Psychotherapeuten sind, dürfen grundsätzlich nicht als Betriebsausgabe abgezogen werden. 259

Ausgenommen hiervon sind jedoch Sachgeschenke, die zusammengenommen an einen Empfänger im Jahr nicht mehr als 50 EUR einschließlich Umsatzsteuer (bis 31.12.2023: 35 EUR) betragen, vgl. § 4 Abs. 5 S. 1 Nr. 1 EStG. Weitere Voraussetzung ist, dass die Sachgeschenke gesondert aufgezeichnet werden und der Empfänger bezeichnet wird. 260

Geschenke an Praxispersonal unterliegen nicht der Beschränkung des § 4 Abs. 5 S. 1 Nr. 1 EStG. Kleinere Aufmerksamkeiten an Mitarbeiter, wie z. B. Blumen, Süßigkeiten oder ein Buch, die aus einem besonderen Anlass heraus geschenkt werden, bleiben beim Personal von der Besteuerung ausgenommen (sog. Aufmerksamkeiten).[36] Überschreitet der Wert der Sachzuwendungen den Betrag von 60 EUR (einschließlich Umsatzsteuer), so wird ebenso wie bei einem Geldgeschenk von der Finanzverwaltung gefordert, dass der Arbeitgeber hierfür die Lohnsteuer einbehält und abführt. 261

Kinderbetreuungskosten: Die Aufwendungen für die Betreuung eines zum Haushalt gehörenden Kindes können nicht mehr als Betriebsausgaben geltend gemacht werden. Allerdings sind diese Aufwendungen als Sonderausgaben zu berücksichtigen. Bei Kindern, die das 14. Lebensjahr noch nicht vollendet haben, können zwei Drittel (ab 01.01.2025: 80 %) der Aufwendungen (max. 4.000 EUR je Kind, ab 01.01.2025 4.800 EUR je Kind) steuerlich geltend gemacht werden. Ist das Kind außerstande, sich selbst zu unterhalten, können Kinderbetreuungskosten ggf. über das 14 Lebensjahr hinaus geltend gemacht werden. 262

Kraftfahrzeugkosten: Häufig sind der Pkw und die damit im Zusammenhang stehenden Aufwendungen Gegenstand von strittigen Auseinandersetzungen im Rahmen einer Betriebsprüfung. Es ist auch bei selbstständigen Psychotherapeuten individuell zu prüfen, in welchem Umfang ein Pkw betrieblich genutzt wird. Wird der Pkw unter 10 % der jährlichen Fahrleistung zu betrieblichen Zwecken genutzt, so liegt zwingend ein Privat-Pkw vor. Pkw, die zu mehr als 50 % der Jahresgesamtfahrleistung praxisbezogen genutzt werden, gehören zwingend zum Praxisvermögen. 263

Für den Zwischenbereich der Nutzung zwischen 10 % und 50 % zu betrieblichen Zwecken kann der Pkw wahlweise betrieblich oder privat angesetzt werden. Entscheidet sich der Psychotherapeut für eine betriebliche Nutzung, so ist der Pkw im Anlageverzeichnis der Praxis zu erfassen. Dies hat zur Folge, dass auch die Erlöse aus der Veräußerung des Pkw als Betriebseinnahmen erfasst werden. 264

36 R19.6. LStR

265 Im Betriebsvermögen erfasste neue betriebliche Pkw werden in der Regel über sechs Jahre abgeschrieben.

266 Als Anschaffungskosten gilt der tatsächlich gezahlte Kaufpreis abzüglich etwaiger Preisnachlässe, zuzüglich aller Aufwendungen für Mehrausstattung, Sonderausstattung oder Zubehör.

267 Bei Pkw im Betriebsvermögen sind grundsätzlich sämtliche Aufwendungen für den Betrieb des Pkw als Betriebsausgaben abzusetzen.

268 Unfallkosten sind auch bei einem dem Privatvermögen zugeordneten Pkw als Betriebsausgaben zu berücksichtigen, wenn die Fahrt betrieblich veranlasst war und wenn der Unfall als solcher nicht „privat“ verschuldet war (z. B. bei Alkoholeinfluss).

269 Die private Mitbenutzung eines betrieblichen Pkw wird seit 1996 monatlich mit 1 % des Bruttolistenpreises (gemäß Händlerpreisliste) des Pkw im Zeitraum der Erstzulassung gegengerechnet (sog. 1 %-Methode siehe TZ 154).

270 Die pauschale Erfassung der privaten anteiligen Mitbenutzung durch die 1 %-Methode darf nur geltend gemacht werden, wenn zunächst nachgewiesen wird, dass der Pkw zu mehr als 50 % für betrieblich veranlasste Fahrten genutzt wird (vgl. hierzu TZ 275).

271 **Beispiel Pkw**

Nachfolgend eine Vergleichsrechnung zu den verbleibenden Betriebsausgaben bei verschiedenen Fahrzeugen, wenn die 1 %-Methode zur Ermittlung der Privatnutzung angewendet wird:

Tab. 2: Betriebsausgaben bei verschiedenen Fahrzeugen

Jahresbetrachtung	**Porsche** **120.000 €**	**Audi A5** **60.000 €**	**Smart** **24.000 €**	**E-Auto** **50.000 €**
Abschreibung	20.000,00	10.000,00 €	4.000,00 €	8.333,33 €
laufende Kosten	8.000,00 €	5.000,00 €	3.000,00 €	2.000,00 €
Kosten gesamt	**28.000,00 €**	**15.000,00 €**	**7.000,00 €**	**10.333,33 €**
Private Nutzung bei 20 km Entfernung zur Praxis u. 230 Tagen	21.660,00 €	10.140,00 €	3.228,00 €	1.020,00 €
Verbleibende Betriebsausgaben	**6.340,00 €**	**4.860,00 €**	**3.772,00 €**	**9.313,33 €**
in %	23 %	32 %	54 %	90 %
Steuerersparnis p.a. (Steuersatz 42 %)	2.662,80 €	2.041,20 €	1.584,24 €	3.911,60 €
Kosten nach Steuern p.a.	25.337,20 €	12.958,80 €	5.415,76 €	6.421,73 €

Davon abweichend kann nach § 6 Abs. 1 Nr. 4 Satz 3 EStG die private Nutzung mit den tatsächlichen, auf die privaten Fahrten entfallenden Aufwendungen gegengerechnet werden, wenn die Kosten belegmäßig in der Buchhaltung festgehalten werden und das Verhältnis der privaten Fahrten zu den betrieblichen Fahrten durch ein der Form entsprechendes Fahrtenbuch nachgewiesen werden kann. 272

Soll der privat genutzte Anteil der Pkw-Kosten nach der Fahrtenbuchmethode ermittelt werden, so müssen laufend alle privaten Fahrten und alle betrieblichen Fahrten in einem Buch mit festem Einband festgehalten werden. Bisher gibt es noch keine von der Finanzverwaltung akzeptierten Fahrtenbuch-Softwareprogramm. Das Führen eines Fahrtenbuches in einem Excel-Programm erkennt die Finanzverwaltung allerdings grundsätzlich nicht an, da nachträgliche Änderungen möglich sind. Nach einem BFH-Beschluss[37] muss auch ein elektronisches Fahrtenbuch in geschlossener Form geführt werden. Eine mithilfe eines Computerprogramms erzeugte Datei genügt diesen Anforderungen nur, wenn nachträgliche Veränderungen zuvor eingegebener Daten technisch ausgeschlossen oder in der Datei selbst dokumentiert und offengelegt werden. 273

Zu den erforderlichen Angaben eines Fahrtenbuchs siehe TZ 160 f. 274

Für den Nachweis, dass der Pkw zu mehr als 50 % zu betrieblichen Zwecken genutzt wird, ist kein Fahrtenbuch erforderlich.[38] Hier reicht eine über einen repräsentativen Zeitraum von z. B. drei Monaten geführte Liste mit Aufzeichnungen von privaten und betrieblichen Fahrten aus, aus der ersichtlich ist, dass der Anteil der betrieblichen Fahrten überwiegt. Bei Nutzung des Pkw unter 50 % ist zu prüfen, ob die Entscheidung, den Pkw dem Betriebsvermögen zuzuordnen, wirtschaftlich sinnvoll ist. Hat sich der Steuerpflichtige dafür entschieden, so ist der Finanzverwaltung durch glaubhafte Aussagen nachzuweisen, wie hoch der betriebliche Anteil an den jährlichen Gesamtkosten für den Pkw ist. 275

Nachträgliche Betriebsausgaben: Häufig entstehen auch nach der Beendigung der Praxis Aufwendungen, die in Zusammenhang mit dem Betrieb der Praxis ursprünglich veranlasst sind. Hierzu gehören z. B. Rückzahlung von Einnahmen (aufgrund fehlerhafter Abrechnung) oder auch Zinsaufwendungen für Darlehen. 276

Schuldzinsen für betrieblich begründete Darlehen sind auch nach Beendigung der Tätigkeit absetzbar, wenn die Verbindlichkeit nicht durch Veräußerungserlöse des Praxisinventars oder aus der Abgabe des Praxissitzes hätte zurückgezahlt werden können.[39] 277

Praxisräume im eigenen Haus: Die Praxisräume im eigenen Haus führen insoweit zu einem Betriebsausgabenabzug, wie die betrieblich genutzten Räume 278

37 BFH-Beschluss v. 12.01.2024 -VI B 37/23.
38 BMF-Schreiben vom 07.07.2006, BStBl I 2006, S. 446.
39 BFH vom 15.05.2002, BStBl II 2002, S. 908.

im Verhältnis zur Gesamtfläche des Hauses stehen. Grundstück und Immobilie stellen insoweit Betriebsvermögen dar. Ist der Wert mit dem die anteilige Praxisfläche zu bemessen ist, nicht mehr als ein Fünftel des Wertes des gesamten Grundstücks **und** nicht mehr als 20.500 EUR, so braucht der eigenbetriebliche Grundstücksanteil nicht als Betriebsvermögen behandelt zu werden (R. 4.2 Abs. 8 EStR). Steht das Gebäude im Miteigentum des Ehegatten darf der betrieblich nutzende Ehegatte nur seine eigenen Aufwendungen ansetzen. Hat er die Anschaffungskosten oder Herstellungskosten nachweislich allein getragen, so kann er die gesamten Anschaffungs- oder Herstellungskosten zur Ermittlung des betrieblichen Anteils heranziehen.

279 Abzugsfähig sind alle Hauskosten wie z. B. Schuldzinsen, Abschreibung des auf die Immobilie entfallenden Kaufpreisanteils, Versicherungen, Strom, Wasser, Heizung und so weiter. Mit dem auf den Praxisanteil entfallenden Anteil der Kosten können die Hauskosten als Betriebsausgaben geltend gemacht werden. Sind die Aufwendungen direkt den betrieblich genutzten Räumen zuzuordnen, so sind sie im vollen Umfang abzugsfähig.

280 Dies gilt auch für Schuldzinsen, wenn durch eindeutige Zahlungsströme nachgewiesen werden kann, dass die für eigene Wohnzwecke genutzte Fläche mit Eigenmitteln und die Praxisfläche mit Fremdmitteln finanziert worden ist.

281 Bei Immobilien im Betriebsvermögen ist zu bedenken, dass bei Verkauf der Immobilie oder bei einer Praxisaufgabe/-veräußerung der eventuelle Veräußerungsgewinn (Differenz zwischen dem Veräußerungserlös und dem im Zeitpunkt der Veräußerung ermittelten Buchwert der Immobilie nebst Grundstück) zu versteuern ist. Dies gilt auch dann, wenn die Spekulationsfrist von 10 Jahren bereits abgelaufen ist. Wird die Immobilie im Rahmen der Praxisveräußerung nicht mitverkauft, sondern zurückbehalten und in das Privatvermögen überführt wird, muss ebenfalls die Wertsteigerung (Differenz zwischen dem Verkehrswert und dem Buchwert der Immobilie nebst Grundstück) versteuert werden.

282 Handelt es sich bei den Praxisräumen im eigenen Haus um ein Arbeitszimmer, sind die Vorschriften zum Arbeitszimmer (siehe hier TZ 216 ff.) zu beachten.

283 **Praxiswert:** Bei Erwerb einer psychotherapeutischen Praxis wird in der Regel ein Teil des Kaufpreises für das erworbene Sachvermögen und ein weiterer Teil für den Goodwill bezahlt. Der Kaufpreis für den entgeltlich erworbenen Goodwill oder Praxiswert einer Einzelpraxis ist verteilt über eine Dauer von drei bis fünf Jahren (bei einer Berufsausübungsgemeinschaft über sechs bis zehn Jahre) abzuschreiben, d. h. in den jeweiligen Jahren den Betriebsausgaben anteilig zuzuordnen. Zur Berücksichtigung der Kassenzulassung als Wirtschaftsgut siehe TZ 92 ff.

284 **Promotionskosten:** Nach einem Urteil des Jahres 2003[40] hat der Bundesfinanzhof die Kosten für den Erwerb eines Doktortitels als abzugsfähige Kosten anerkannt,

40 BFH vom 04.11.2003, BStBl 2004 II, S. 891.

sofern ein berufsbezogener Veranlassungszusammenhang zu bejahen ist. Dies gilt auch, wenn das Promotionsstudium im Einzelfall ohne vorhergehenden berufsqualifizierenden Studienabschluss durchgeführt wird[41].

Sammelbewertung: Mit der Unternehmensteuerreform 2008 wurde die Abschrei- 285
bung für kleinere Anschaffungen im Wert zwischen 250,01 EUR und 1.000 EUR neu geregelt (Bildung eines Sammelpostens). Durch das Wachstumsbeschleunigungsgesetz wurde die Abschreibung von geringwertigen Wirtschaftsgütern erneut geändert (§ 6 Abs. 2a EStG). Für alle Anschaffungen und Herstellungen ab dem 01.01.2010 wurde ein Wahlrecht eingeführt:

- Bewegliche materielle Wirtschaftsgüter können unabhängig von der Höhe der Anschaffungs- bzw. Herstellungskosten aktiviert und über die Nutzungsdauer abgeschrieben werden,
- die Anschaffungskosten bzw. Herstellungskosten für geringwertige Wirtschaftsgüter bis zu 800 EUR (bis 31.12.2017: 410 EUR) können sofort abgeschrieben werden oder
- Bildung eines Sammelposten für geringwertige Wirtschaftsgüter mit Anschaffungs- bzw. Herstellungskosten bis zu 1.000 EUR.

Bildung eines Sammelpostens: Materielle bewegliche Wirtschaftsgüter mit Anschaf- 286
fungs- bzw. Herstellungskosten bis zu 250 EUR sind sofort abzuschreiben und Wirtschaftsgüter mit Anschaffungs- oder Herstellungskosten von 250,01 EUR bis 1.000 EUR sind in einen Sammelposten einzustellen und pauschal über fünf Jahre linear abzuschreiben. Dies gilt auch für das Jahr der Anschaffung, wenn diese erst im Dezember erfolgt. Die Sammelbewertung ist unabhängig von dem Verbleib des Wirtschaftsguts im Praxisvermögen zu bilden.

Beispiel Sammelposten
Ein Schreibtisch für die psychotherapeutische Praxis wird für 960 EUR im Dezember 2023 angeschafft.
Nach zwei Jahren wird er defekt und wird ausgetauscht.

Tab. 3: Abschreibungen von Sammelposten

Abschreibung	
2023: 192 EUR	2026: 192 EUR
2024: 192 EUR	2027: 192 EUR
2025: 192 EUR	

Entscheidet man sich für die Bildung eines Sammelpostens, so sind alle in dem 287
Wirtschaftsjahr zugegangenen beweglichen Wirtschaftsgüter mit einem Anschaffungswert von unter 1.000 EUR als Sammelposten zu behandeln und über 5 Jahre abzuschreiben. Eine Erfassung als geringwertiges Wirtschaftsgut mit entsprechender Sofortabschreibung ist in diesem Jahr dann für kein Wirtschaftsgut möglich.

41 BMF-Schreiben v. 22.09.2010; IV C 4 - S 2227/07/10002; RZ 26.

288 **Telefonkosten:** Die auf den Praxistelefonanschluss entfallenden Aufwendungen sind grundsätzlich Betriebsausgaben. Die private Mitbenutzung durch den Praxisinhaber wird prinzipiell durch eine anteilige Kürzung der Kosten berücksichtigt.

289 Kommunikationskosten im häuslichen Lebensbereich (Telefon, Fax oder Internetanschluss) können ebenfalls als Betriebsausgabe angesetzt werden, wenn ein beruflicher Anteil der Kosten glaubhaft gemacht werden kann, z. B. anhand des Einzelverbindungsnachweises auf der Telefonkostenabrechnung.

290 **Umbaukosten:** Werden Praxisräume renoviert oder umgebaut, so liegen grundsätzlich sofort abzugsfähige Betriebsausgaben vor. Führen diese Umbauten zu Veränderungen des Grundrisses und festen Einbauten, die sich im Laufe der voraussichtlichen Mietzeit wirtschaftlich verbrauchen, so sind diese sogenannten Mietereinbauten nur im Wege der Absetzung für Abnutzung über die Laufzeit des Mietvertrages geltend zu machen.

291 **Umzugskosten:** Die berufliche Veranlassung für einen Umzug liegt bei einem Psychotherapeuten dann vor, wenn er seine Wohnung in die unmittelbare Nähe der Praxis verlegt und hierdurch die Zeitspanne für die Fahrten zwischen Wohnung und Praxis merklich verringert (arbeitstäglich 1 Stunde ist ausreichend). In diesem Fall sind auch solche Aufwendungen abzugsfähig, die durch die vorzeitige Auflösung des Mietvertrages am bisherigen Wohnort veranlasst sind.

292 **Steuerberatungskosten:** Aufwendungen für die steuerliche Beratung der Praxis sind Betriebsausgaben, soweit sie auf folgende Leistungen entfallen:

- Erstellung der Lohn- und Finanzbuchhaltung der Praxis
- Erstellung der Gewinnermittlung (z. B. Einnahmen-Überschuss-Rechnung)
- Fertigung der betrieblichen Steuererklärungen (Umsatzsteuererklärung, ggf. Gewerbesteuererklärung)
- Sonstige steuerliche Beratungsleistungen im Zusammenhang mit der freiberuflichen Praxis.

293 Alle Aufwendungen für Leistungen des Steuerberaters, die nicht durch den Betrieb veranlasst sind, gehören zu Kosten der Lebensführung. Hierzu gehört z. B. das Honorar des Steuerberaters für die Erstellung der Einkommensteuererklärung (ggf. sind die Aufwendungen bei anderen Einkunftsarten als Werbungskosten abzugsfähig).

294 **Zinsen:** Müssen für den Erwerb oder die Erweiterung einer Praxis Fremdmittel aufgenommen werden, spricht man von praxisbedingten Investitionskrediten. Darüber hinaus kann eine Praxis für den laufenden Betrieb und den Einnahmen vorlaufenden Betriebsausgaben Fremdmittel benötigen. In diesem Fall spricht man von einem Betriebsmittelkredit.

295 Praxisbedingte Investitionskredite und Betriebsmittelkredite sollten ausschließlich für die Praxis verwendet werden und über das Praxiskonto abgewickelt werden, um eine eindeutige Zuordnung der Aufwendungen im Zusammenhang mit diesen Krediten leicht nachweisbar zu ermöglichen.

Zu den Aufwendungen solcher betrieblicher Darlehen oder Betriebsmittelkredite 296
zählen alle mit der Aufnahme von Darlehen zusammenhängenden Kosten wie z. B. Schuldzinsen, Zins-Cap-Kosten, Damnum oder Disagio (siehe TZ 244), Bearbeitungsgebühren oder sonstige laufende Geldbeschaffungskosten. Sind die Darlehen zweifelsfrei der Praxis zuzuordnen, so sind alle damit im Zusammenhang stehenden Kosten als Betriebsausgaben absetzbar.

Die Darlehenstilgung ist nicht als Betriebsausgabe absetzbar, da es sich hierbei um 297
eine Vermögensumschichtung handelt.

Eine Einschränkung ergibt sich jedoch nach § 4 Abs. 4a EStG für Schuldzinsen, 298
die nicht unmittelbar mit dem Erwerb der Praxis oder der Finanzierung von Anlagevermögen im Zusammenhang stehen. Dazu gehören insbesondere Schuldzinsen im Zusammenhang mit dem laufenden Betriebsmittelkredit. Diese sind im Jahr des Entstehens nicht abzugsfähig, wenn sogenannte Überentnahmen vorliegen. Eine Überentnahme ist der Betrag, um den die Entnahmen die Summe des Gewinns und der Einlagen im gleichen Zeitraum übersteigen.

Liegen Überentnahmen vor, so vermutet die Finanzverwaltung privat veranlasste 299
Schuldzinsen. Diese sind nach einer pauschalen Methode zu ermitteln, und zwar in der Weise, dass Schuldzinsen für den Sollsaldo des Kontos in Höhe der Überentnahmen privat veranlasst sind.

Überentnahmen führen zu nicht abzugsfähigen Betriebsausgaben in Höhe von 300
6 % der Überentnahme. Der so ermittelte Betrag ist dem Gewinn hinzuzurechnen. Der Hinzurechnungsbetrag ist jedoch der Höhe nach begrenzt auf die tatsächlich angefallenen Schuldzinsen abzüglich eines Betrages von 2.050 EUR. Über- oder ggf. Unterentnahmen eines Jahres sind laufend aufzuzeichnen und fortzuführen.

Beispiel
Ein Psychotherapeut erzielt im Jahre 2023 einen Gewinn in Höhe von 90.000 EUR. Die Einlagen belaufen sich auf 15.000 EUR, die Entnahmen auf 60.000 EUR (alternativ 120.000 EUR). Im Grundfall sind die Schuldzinsen im Jahr 2023 in voller Höhe abzugsfähig, da sich eine Unterentnahme ergibt.

Tab. 4: Über- bzw. Unterentnahme

Gewinn	90.000 EUR
zzgl. Einlagen	15.000 EUR
abzgl. Entnahmen	60.000 EUR
Unterentnahme	45.000 EUR

In der Alternative errechnet sich eine Überentnahme wie folgt:

Gewinn	90.000 EUR
zzgl. Einlagen	+ 15.000 EUR
abzgl. Entnahmen	- 120.000 EUR
Überentnahme	15.000 EUR

301 Der Betrag in Höhe von 6 % der Überentnahme, d. h. 6 % von 15.000 EUR sind dem Gewinn als nicht abzugsfähige Schuldzinsen hinzuzurechnen, sofern die Schuldzinsen, die nicht unmittelbar mit dem Erwerb der Praxis oder der Finanzierung von Anlagevermögen im Zusammenhang stehen, den Betrag von 2.050 EUR übersteigen.

302 Da zukünftige Überentnahmen mit Unterentnahmen vorangegangener Wirtschaftsjahre ausgeglichen werden können, sind die Über- und Unterentnahmen wirtschaftsjahrübergreifend fortzuführen.

303 Hinzuweisen ist darauf, dass drohende Überentnahmen dadurch verhindert werden können, dass bei der Anschaffung von Investitionen Kredite eingeholt werden bzw. auf Leasing ausgewichen wird, anstatt die Investitionen aus dem laufenden Geldbestand zu finanzieren.

4.4 Einkommensteuer

304 Der Psychotherapeut in eigener Praxis ist als natürliche Person mit Wohnsitz im Inland nach § 1 Abs. 1 EStG einkommensteuerpflichtig.

4.4.1 Qualifikation der Einkünfte

305 Die Tätigkeit als Psychotherapeut in eigener Praxis ist eine arztähnliche selbstständige Berufstätigkeit und gehört zu den freiberuflichen Tätigkeiten i. S. d. § 18 Abs. 1 Nr. 1 EStG. Aus dieser Tätigkeit erzielte Gewinne oder Verluste führen grundsätzlich zu Einkünften aus selbstständiger Tätigkeit. Der Beruf des Psychotherapeuten wird zwar nicht ausdrücklich im § 18 EStG genannt; aber auch die den dort genannten Berufen (sog. Katalogberufen) ähnlichen Berufe zählen zu den freien Berufen, wenn das typische Bild des Katalogberufs mit seinen wesentlichen Merkmalen dem Gesamtbild des zu beurteilenden Berufs vergleichbar ist. Dies hat die Finanzverwaltung für den Fall des Psychologischen Psychotherapeuten und der Kinder- und Jugendlichenpsychotherapeuten anerkannt.

306 Andererseits können die Gewinne eines Psychotherapeuten auch als gewerbliche Einkünfte qualifiziert werden, wenn der Psychotherapeut seine Tätigkeit in einer Art und Weise ausübt, die das Verständnis einer heilberuflichen Tätigkeit verlassen; z. B. weil er

- angestellte Kollegen in dem Maße mit einbindet, dass er selbst nicht mehr leitend und eigenverantwortlich tätig wird,
- neben der typischen psychotherapeutischen Tätigkeit regelmäßig mit anderen Leistungen auch gewerblich tätig wird (z. B. durch Verkauf von Biofeedbackgeräten),
- in Kooperation mit anderen Partnern arbeitet, die selbst gewerblich tätig sind.

Die **Anstellung von Kollegen** in der eigenen psychotherapeutischen Praxis führt nicht immer dazu, dass die Praxis gewerblich wird. Wird der angestellte Psychotherapeut so eingebunden, dass der Praxisinhaber aufgrund seiner Fachkenntnisse durch regelmäßige und eingehende Kontrolle maßgeblich auf die Tätigkeit des angestellten Psychotherapeuten patientenbezogen Einfluss nimmt (sog. Stempeltheorie, H. 15.6 EStH), ist weiterhin von freiberuflichen Einkünften auszugehen[42]. Die Abgrenzung muss nach den Umständen des Einzelfalls beurteilt werden und kann nicht allgemeingültig festgelegt werden. **307**

Eine freiberufliche Tätigkeit liegt im Einzelfall beispielsweise nicht mehr vor, wenn die Zahl der angestellten Psychotherapeuten oder aber das Tätigwerden in mehreren Filialen den persönlichen Kontakt des Praxisinhabers zu den Patienten unterbindet. **308**

Beispiele für gewerbliche Tätigkeiten eines Psychotherapeuten sind Berufsberatung, Niederlassungsberatung oder der Verkauf von Produkten.[43] **309**

> **Beispiel**
> Ein Psychotherapeut betreibt eine Beratungsfirma und er ist psychotherapeutisch tätig. In diesem Fall erzielt der Psychotherapeut aus dem Betrieb der Beratungsfirma gewerbliche Einkünfte und freiberufliche Einkünfte aus den erbrachten psychotherapeutischen Behandlungsleistungen, wenn die Leistungen jeweils getrennt abgerechnet und getrennt organisiert werden.[44]

Sofern eine Abgrenzung der Tätigkeiten möglich ist, so sind die Einkünfte der Einzelpraxis im Rahmen der Trennungstheorie in gewerbliche und freiberufliche Einkünfte zu unterteilen. Nur die Einkünfte aus der gewerblichen Tätigkeit unterliegen dann der Gewerbesteuer (vgl. Kapitel 4.5). **310**

Sind gewerbliche und freiberufliche Tätigkeit nicht voneinander zu trennen und dergestalt ineinander verflochten, dass sie sich gegenseitig bedingen, liegt eine einheitliche Tätigkeit vor. Eine solche einheitliche Tätigkeit ist steuerlich danach zu beurteilen, ob das freiberufliche oder das gewerbliche Element vorherrscht.[45] **311**

Tritt ein Psychotherapeut zusammen mit anderen in Kooperation (z. B. in einer Berufsausübungsgemeinschaft oder in einem MVZ), so greift die Trennungstheorie nicht (siehe hierzu TZ 409 ff.). **312**

4.4.2 Thesaurierungsbegünstigung nach § 34a EStG

Entnimmt der Psychotherapeut seine Gewinne nicht vollständig, da er diese bspw. für größere zukünftige Investitionen in der Praxis zurücklegt (bspw. weil er die **313**

42 BFH vom 16.07.2014- BStBl 2015 II S. 216.
43 Lang, H. U., Besteuerung von Ärzten, TZ 2111, Michels/Kettler-Eising.
44 BFH vom 02.10.2003, BStBl 2004 II, S. 363.
45 BFH vom 18.10.2006, XI R 10/06, BStBl II 08,54.

Praxis neu einrichten möchte), so kann er die Thesaurierungsbegünstigung nach § 34a EstG in Anspruch nehmen.

314 Bei Thesaurierungsbegünstigung beträgt die Einkommensteuer 28,25 % zzgl. Solidaritätszuschlag und ggf. Kirchensteuer auf den nicht entnommenen Gewinn. Der nicht entnommene Gewinn ermittelt sich dabei wie folgt:

Gewinn
abzgl. Entnahmen
zzgl. Einlagen
= nicht entnommener Gewinn

315 Wird in einem nachfolgenden Wirtschaftsjahr eine Entnahme getätigt, die die Einlagen zuzüglich des Gewinns übersteigt, erfolgt eine Nachversteuerung mit 25 % zzgl. Solidaritätszuschlag und ggf. Kirchensteuer.

316 Spätestens im Moment der Praxisveräußerung erfolgt eine Versteuerung des thesaurierten Gewinns mit 25 % zzgl. Zuschlagssteuern.

317 Je nach Steuersatz, der für die übrigen Einkünfte zu entrichten ist, kann dies zu einer erheblichen Steuerersparnis führen. Wird der thesaurierte oder nicht entnommene Gewinn in späteren Jahren entnommen, findet eine zusätzliche Nachversteuerung mit 25 % zzgl. Zuschlagssteuern statt. Daher lohnt sich die Inanspruchnahme dieser sog. Thesaurierungsbegünstigung bei einem Durchschnittssteuersatz von mehr als 28,25 % und einer möglichst langen Zeit der „Nichtausschüttung".

318 Um von der Thesaurierungsbegünstigung Gebrauch zu machen, muss der Psychotherapeut seinen Gewinn nach Betriebsvermögensvergleich (Bilanzierung) ermitteln (vgl. hierzu Kapitel 4.2.2 Bilanzierung).

319 Der Psychotherapeut muss die Thesaurierungsbesteuerung des nicht entnommenen Gewinns bei seinem Wohnsitzfinanzamt beantragen. Dieser Antrag ist bis zur Unanfechtbarkeit des Einkommensteuerbescheides möglich.

4.5 Gewerbesteuerliche Aspekte

320 Nach der Berufsordnung für Psychotherapeuten ist der psychotherapeutische Beruf kein Gewerbe, sondern ein freier Beruf. Die Einkünfte nach dem Einkommensteuergesetz sind solche aus selbstständiger Tätigkeit. Übt der Psychotherapeut nebeneinander sowohl eine freiberufliche als auch eine gewerbliche Tätigkeit (siehe hierzu TZ 306 ff.) aus, so sind die Tätigkeiten zu trennen, vorausgesetzt dies ist nach der Verkehrsauffassung möglich.[46]

46 BFH vom 02.10.2003 - BStBl 2004 II S. 363.

Betätigt sich ein selbstständiger Psychotherapeut sowohl gewerblich (bspw. Verkauf von Produkten) als auch freiberuflich (psychotherapeutische Leistungen) und besteht zwischen den beiden Tätigkeiten kein sachlicher und wirtschaftlicher Zusammenhang, erzielt der Psychotherapeut neben den Einkünften aus Gewerbetrieb (Verkauf von Produkten) auch Einkünfte aus selbstständiger Arbeit. Dies gilt aber auch, wenn zwischen den beiden Betätigungen (Verkauf von Produkten und psychotherapeutischen Leistungen) gewisse sachliche und wirtschaftliche Berührungspunkte bestehen.[47] Wenn der Psychotherapeut die Einkünfte nicht bereits getrennt ermittelt, muss eine Trennung ggf. im Wege der Schätzung erfolgen.[48] 321

Eine einheitliche Tätigkeit liegt nur dann vor, wenn die verschiedenen Tätigkeiten (bspw. Berufsberatung und psychotherapeutische Leistungen) derart miteinander verflochten sind, dass sie sich gegenseitig unlösbar bedingen.[49] Schuldet der Psychotherapeut seinem Auftraggeber einen einheitlichen Erfolg, ist die zur Durchführung des Auftrags erforderliche Tätigkeit regelmäßig als einheitlich zu beurteilen. Werden nur gemischte Leistungen erbracht, ist die Praxis danach zu qualifizieren, welche der einzelnen Tätigkeiten der Gesamttätigkeit das Gepräge gibt. 322

Übt der Psychotherapeut seine Tätigkeit im Rahmen einer Berufsausübungsgemeinschaft aus, gilt jedoch nicht die Trennungstheorie, sondern die sog. Infektionstheorie (vgl. TZ 409 ff.). 323

4.5.1 Bemessungsgrundlage und Berechnung der Gewerbesteuer

Nach § 6 Satz 1 GewSt ist die Besteuerungsgrundlage für die Gewerbesteuer der Gewerbeertrag. Dieser wird aus dem nach den Vorschriften des Einkommensteuergesetzes ermittelten Gewinn aus Gewerbebetrieb berechnet. Nach §§ 8 und 9 GewStG kann es zu Hinzurechnungen und Kürzungen dieses Gewinnes kommen. Von dem so errechneten Gewerbeertrag sind zunächst 24.500 EUR steuerfrei gestellt. Die darüber hinausgehende Summe wird mit einer Steuermesszahl von 3,5 % einheitlich multipliziert und zu einem Steuermessbetrag berechnet (§ 11 GewStG). 324

Der Steuermessbetrag wird dann mit dem von Gemeinde zu Gemeinde unterschiedlichen Hebesatz belegt, sodass sich daraus die festzusetzende Gewerbesteuer ergibt. 325

Beispiel
Der Gewinn aus einer gewerblich einzustufenden psychotherapeutischen Praxis beträgt 124.500 EUR. Es ergeben sich keine wesentlichen Hinzurechnungen oder Kürzungen. Der Hebesatz der Gemeinde, in der die Praxis betrieben wird, beträgt 400 %.

47 BFH vom 11.07.1991 – BStBl 1992 II S. 353.
48 BFH vom 18.01.1962 – BStBl III S. 131.
49 BFH vom 11.07.1991 – BStBl 1992 II S. 413.

Tab. 5: Berechnung der Gewerbesteuer

Gewinn aus der Praxis	124.500 EUR
abzüglich Freibetrag	24.500 EUR
Maßgeblicher Gewerbeertrag	100.000 EUR
Steuermessbetrag	3.500 EUR
(3,5 % von 100.000 EUR)	
Hebesatz 400 % von 3.500 EUR	14.000 EUR
Gewerbesteuerschuld	14.000 EUR

4.5.2 Mehrbelastung durch Gewerbesteuer

326 Ist der Psychotherapeut mit seinen Einkünften als gewerblich qualifiziert, so sind diese gewerblichen Einkünfte zusätzlich zur Einkommensteuer mit Gewerbesteuer zu belegen. Die beiden Steuern sind getrennt voneinander zu berechnen und abzuführen. Empfänger der Einkommensteuer sind der Bund und die Länder, Empfänger der Gewerbesteuer ist die Gemeinde, in der der gewerbliche Betrieb gelegen ist.

327 Seit 2008 ist die Gewerbesteuer bei der Ermittlung des gewerblichen Gewinns nicht mehr als Betriebsausgabe abzugsfähig (§ 4 Abs. 5b EStG). Um die Doppelbelastung mit Einkommensteuer und Gewerbesteuer abzuschwächen, kann die gezahlte Gewerbesteuer jedoch als Guthaben im Rahmen der persönlichen Einkommensteuererklärung geltend gemacht werden. Nach § 35 EStG ermäßigt sich die tarifliche Einkommensteuer, soweit sie anteilig auf im zu versteuernden Einkommen enthaltende gewerbliche Einkünfte entfällt, bei Einkünften aus gewerblichen Unternehmen um das vierfache des festgesetzten Gewerbesteuermessbetrages, maximal um die gezahlte Gewerbesteuer.

Beispiel

	Freiberufliche Einkünfte	**Gewerbliche Einkünfte, Hebesatz 290 %**	**Gewerbliche Einkünfte, Hebesatz 490 %**
Gewinn (nach Abzug Freibetrag v. 24.500 €)	100.000 EUR	100.000 EUR	100.000 EUR
Gewerbesteuer (3,5 % x Hebesatz)	-	10.150 EUR	17.150 EUR
Verbleiben	100.000 EUR	89.850 EUR	82.850 EUR
Einkommensteuer (42 %)*	-42.000 EUR	-42.000 EUR	-42.000 EUR
Anrechnung Gewerbesteuer (4 x 3,5 %)	-	10.150 EUR	14.000 EUR

Zu zahlende Einkommensteuer	42.000 EUR	31.850 EUR	28.000 EUR
Nettoeinkommen nach ESt und GewSt	58.000 EUR	58.000 EUR	54.850 EUR
Verbleibende Gewerbesteuerbelastung	-	0	3.150 EUR

*ohne Solidaritätszuschlag, ohne Kirchensteuer.

Eine Mehrbelastung durch die Gewerbesteuer hängt somit u. a. von der Höhe des Gewerbesteuerhebesatzes ab. Darüber hinaus können Verluste in anderen Einkunftsarten dazu führen, dass nicht genügend Einkommensteuer zur Anrechnung zur Verfügung steht. 328

4.6 Umsatzsteuer

4.6.1 Der Psychotherapeut als umsatzsteuerpflichtiger Unternehmer

Der selbstständig niedergelassene Psychotherapeut ist umsatzsteuerlicher Unternehmer. Dies gilt sowohl für die Tätigkeit in einer eigenen Praxis als auch für die gelegentliche selbstständige psychotherapeutische Tätigkeit an einer Institution. Sein Unternehmen umfasst stets seine gesamte selbstständige Tätigkeit. Dazu gehören die Behandlung von Patienten, eventuelle schriftstellerische Tätigkeiten oder Vortragstätigkeiten sowie Leistungen gegenüber Kollegen z. B. im Rahmen von Supervisionen, aber auch Tätigkeiten, die nicht mit dem Beruf des Psychotherapeuten im Zusammenhang stehen, wie beispielsweise der Betrieb einer Photovoltaikanlage auf der privaten Immobilie. Selbstständig ist der Psychotherapeut dann, wenn er auf eigene Rechnung und auf eigene Verantwortung arbeitet. Es kommt nicht allein auf die vertragliche Bezeichnung, die Art der Tätigkeit oder die Art der Vergütung an. Entscheidend ist das Gesamtbild der Verhältnisse. 329

4.6.2 Steuerbare und steuerpflichtige Umsätze

Nach § 1 Abs. 1 UStG sind steuerbare Umsätze des Unternehmers alle Lieferungen und sonstigen Leistungen, die er im Inland gegen Entgelt im Rahmen seines Unternehmens ausführt. Um steuerbare Umsätze handelt es sich auch, wenn ein Unternehmer sog. Hilfsgeschäfte ausführt. So ist der Verkauf von Praxisgeräten oder eines überwiegend betrieblich genutzten Pkw ebenfalls zu den steuerbaren Umsätzen zu rechnen. Darüber hinaus ist auch die entgeltliche Überlassung dieser Praxisgeräte an Dritte als steuerbarer Umsatz zu sehen. Mit Feststellung der Steuerbarkeit ist allerdings noch nicht entschieden, ob Umsatzsteuer anfällt, da der Gesetzgeber bestimmte Umsätze nach § 4 UStG für steuerfrei erklärt hat. Ist die Steuerbarkeit eines Umsatzes festgestellt, so muss zunächst geprüft werden, ob keine Steuerbefreiung nach § 4 UStG vorliegt. 330

331 Unter den Steuerbefreiungen ist § 4 Nr. 14 Buchst. a) UStG für Psychotherapeuten einschlägig. Wer in einem Heil- oder Heilhilfsberuf tätig ist, kann davon ausgehen, dass seine Umsätze aus heilbehandelnden Tätigkeiten durch die Befreiungsnorm des § 4 Nr. 14 Buchst. a) UStG von der Umsatzbesteuerung verschont bleiben. § 4 Nr. 14 Buchst. a) UStG führt explizit die Umsätze aus der Tätigkeit als Arzt oder einem arztähnlichen Beruf auf. Zu den arztähnlichen Tätigkeiten zählt nach Auffassung der Finanzverwaltung[50] ausdrücklich auch die Tätigkeit der Psychologischen Psychotherapeuten sowie der Kinder- und Jugendpsychotherapeuten. Maßgebend hierfür ist jeweils die Qualifikation nach dem Psychotherapeutengesetz. Obgleich die Umsatzsteuer mittlerweile für alle EU-Staaten harmonisiert ist, ist die Auslegung der arztähnlichen steuerbefreiten Tätigkeiten in einzelnen Staaten unterschiedlich. So ist z. B. in den Niederlanden die selbstständige Tätigkeit einer als Psychotherapeutin ausgebildeten Diplom-Pädagogin nicht steuerbefreit, da die niederländische Umsatzsteuerbefreiungsvorschriften insofern nur auf die gesetzlichen Regelungen für Psychiater und Psychologen nicht aber auf die für Psychotherapeuten geltende Verordnung Bezug nehmen. Diese berufsgruppenbezogene Differenzierung bei der Umsatzsteuerbefreiung unterschiedlicher Mitgliedsstaaten der EU hat der EuGH[51] ausdrücklich bestätigt.

332 Ausschlaggebend für die Steuerbefreiung nach § 4 Nr. 14 Buchst. a) UStG ist die Qualifikation des Leistungserbringers, nicht die des abrechnenden Unternehmers. So hat der BFH entschieden, dass auch eine GmbH unter ärztlicher Geschäftsleitung umsatzsteuerfreie Heilbehandlungen im Sinne des § 4 Nr. 14 Buchst. a) UStG erbringt.[52] Die personenbezogene Befreiungsvoraussetzung beschränkt sich also auf den Leistenden, der entweder Arzt ist oder einen arztähnlichen Beruf ausüben muss.

333 Die Tätigkeit der Psychologischen Psychotherapeuten und der Kinder- und Jugendpsychotherapeuten nach dem Psychotherapeutengesetz ist grundsätzlich umsatzsteuerbefreit[53]. Dagegen sind selbstständig tätige Diplom-Psychologen, die auf anderen Gebieten als der Psychotherapie tätig sind, nicht unter die Steuerbefreiung des § 4 Nr. 14 Buchst. a) UStG zu fassen.

334 Vor einiger Zeit war die gesamte berufsbezogene Tätigkeit der im Heilberufebereich Tätigen steuerbefreit. Dieser Grundsatz führte dazu, dass die Umsatzsteuer in den psychotherapeutischen Praxen praktisch keine Bedeutung hatte.

50 BMF-Schreiben vom 12.06.2009, BStBl. I S. 687.
51 EuGH vom 27.04.2006, vgl. hierzu Niskoven, PFG 2007, S. 2–4.
52 BFH vom 25.11.2004, BStBl 2005 II, S. 190.
53 4.14.4. (11) Nr. 11 UStAE.

Verschiedene höchstrichterliche Entscheidungen des BFH und des EuGH[54] haben die Auffassung darüber, was unter die steuerbefreiten Leistungen von arztähnlichen Berufen fällt, maßgeblich geprägt. Die Steuerbefreiung für die Tätigkeit des Psychotherapeuten ist nicht berufsbezogen, sondern auf die bestimmten Tätigkeiten eingeschränkt zu betrachten. Der EuGH hat in seinem Urteil vom 14.09.2000 festgelegt, dass nur diejenigen Leistungen steuerfrei sein können, die der medizinischen Betreuung von Personen durch das Diagnostizieren und Behandeln von Krankheiten oder anderen Gesundheitsstörungen dienen. Dies gilt unabhängig davon, um welche konkrete Leistung es sich handelt, für wen sie erbracht wird und wer sie abrechnet. Heilberufliche Leistungen sind damit dann steuerfrei, wenn bei der Tätigkeit ein therapeutisches Ziel im Vordergrund steht. Hierunter werden alle Leistungen verstanden, die der Vorbeugung, der Diagnose sowie der Behandlung von Krankheiten oder anderen Gesundheitsstörungen dienen. Das Berufsbild eines Psychotherapeuten umfasst darüber hinaus auch weitere Tätigkeiten, denen aber nicht generell eine Heilbehandlung zugrunde liegt. Dies können u. a. sein: 335

- medizinisch nicht indizierte Leistungen,
- Leistungen, die nicht der medizinischen Behandlung einer Krankheit dienen,
- individuelle Gesundheitsleistungen.

Eine eindeutige Abgrenzung dieser steuerpflichtigen Umsätze von den steuerfreien Tätigkeiten regelt der Gesetzgeber nicht. Während die sogenannten individuellen Gesundheitsleistungen für Psychotherapeuten eher weniger relevant sind, kann es bei der Abgrenzung von nicht medizinisch indizierten Leistungen in der Praxis zu Zuordnungsproblemen kommen, die häufig Streitigkeiten zwischen dem Steuerpflichtigen und dem Fiskus auslösen. 336

Nach der Finanzverwaltung fallen u. a. vertragspsychotherapeutische Auskünfte, Bescheinigungen und bestimmte Gutachten unter die Steuerpflicht, wenn sie nicht medizinisch indiziert sind. In mehreren Erlassen[55] definiert diese z. B. folgende gutachterliche Leistungen als umsatzsteuerpflichtig: 337

- Psychologische Tauglichkeitstests, die sich ausschließlich auf die Berufsfindung erstrecken
- Gutachten über den Gesundheitszustand als Grundlage für Versicherungsabschlüsse
- Gutachten über die Berufstauglichkeit
- Gutachten über die Minderung der Erwerbsfähigkeit in Sozialversicherungsangelegenheiten
- Musterungs- und Verwendungsfähigkeitsgutachten
- Gutachten für Flugtauglichkeitsuntersuchungen

54 EuGH vom 14.09.2000, EUGHE 2000, S. 6795.
55 OFD Hannover vom 27.01.2003, UR 2003, S. 555, OFD Karlsruhe/Stuttgart vom 29.04.2005 – S7170, UStK § 4 Nr. 14 Karte 3., OFD Frankfurt vom 17.10.2007, UstK § 4 Nr. 14 Karte 14.

- Forensische Gutachten zur Frage der Schuldfähigkeit
- Gutachten nach § 12 Abs. 1 der Psychotherapievereinbarung zu der Frage, ob eine vorgesehene Therapie die Voraussetzung für eine Durchführung zu Lasten der gesetzlichen Krankenkasse erfüllt.

338 Ebenso ist die schriftstellerische oder wissenschaftliche Tätigkeit, auch wenn es sich um Berichte in Fachzeitschriften oder um Vorträge im Rahmen von Fortbildungsveranstaltungen handelt, nicht von der Umsatzsteuer befreit.

339 Supervisionsleistungen eines Psychotherapeuten sind nach nationalem Recht nicht steuerbefreit, da das Hauptziel dieser Leistung nicht der Schutz der Gesundheit ist. Dabei kann auch nicht angeführt werden, dass bei Supervisionsleistungen Heilbehandlungsmethoden eingesetzt und angewandt werden, die auch der gesundheitlichen Prophylaxe dienen können.[56] Allerdings können Supervisionsleistungen nach Art. 132 Abs. 1 Buchstabe j MwStSystRL umsatzsteuerbefreit sein[57].

340 In 2014 hat der BFH hingegen entschieden, dass bei gegebener therapeutischer Indikation auch Raucherentwöhnungsseminare, die Psychologen in Gruppenveranstaltungen durchführen, von der Umsatzsteuer befreit sein können.[58]

341 Neben dem Psychotherapeuten sind auch Gemeinschaften von Psychotherapeuten nach den gleichen Grundsätzen steuerbefreit (vgl. TZ 421).

342 Eine Besonderheit stellen jedoch Praxisgemeinschaften (Apparategemeinschaften) dar, deren Mitglieder ausschließlich Psychotherapeuten oder Ärzte sind. Bei diesen Gemeinschaften handelt es sich in der Regel um Organisationsformen der heilberuflichen Zusammenarbeit, deren Zweck im Wesentlichen darin besteht, medizinische Einrichtungen, Apparate und Räume zentral zu beschaffen und den Mitgliedern für ihre Praxen zur Verfügung zu stellen. Zu den Voraussetzungen für die Umsatzsteuerbefreiung bei Praxisgemeinschaften siehe TZ 390 ff.

4.6.3 Veräußerung von Praxisgegenständen

343 Eine große praktische Bedeutung hat der § 4 Nr. 28 UStG. Nach dieser Steuerbefreiungsvorschrift wird sichergestellt, dass es bei der Veräußerung von zu ausschließlich steuerfreien Zwecken genutzten Gegenständen nicht zu einer Umsatzsteuerbesteuerung kommt. So ist der Verkauf einzelner Praxisgegenstände steuerfrei nach § 4 Nr. 28 UStG.

344 Dies gilt aber nur für den Fall, dass der Psychotherapeut mit mehr als 95 % seiner Umsätze steuerbefreite Umsätze erbringt. Machen dagegen die steuerpflichtigen Umsätze – z. B. Vorträge – mehr als 5 % aus, unterliegen auch die damit in

56 BFH vom 30.06.2005, BStBl 2005 II, S. 675.
57 BFH, Beschluss vom 22.06.2022, XI R 32/21 (XI R 6/19).
58 BFH-Urteil vom 26.08.2014 – XI R 19/12, BStBl II 2015 S. 310.

Zusammenhang stehenden Praxisgegenstände bei der Veräußerung der Umsatzsteuer, unabhängig davon, ob der Psychotherapeut die Vorsteuer aus der Anschaffung geltend gemacht hat[59].

§ 4 Nr. 28 UStG gilt nur für die Veräußerung von Gegenständen, nicht jedoch für die Veräußerung von immateriellen Wirtschaftsgütern. Wird beispielsweise eine halbe Kassenzulassung veräußert, unterliegt diese Veräußerung grundsätzlich der Umsatzsteuer. Hierbei ist jedoch die Kleinunternehmerregelung zu beachten. **345**

Wird die ganze Praxis im Rahmen einer Geschäftsveräußerung an einen anderen Unternehmer veräußert, so gilt dies umsatzsteuerlich als Geschäftsveräußerung im Ganzen, wenn die wesentlichen Grundlagen des Unternehmens an einen anderen Unternehmer übertragen werden (Abschnitt 1.5 UStAE). Geschäftsveräußerungen im Ganzen unterliegen nicht der Umsatzsteuer (§ 1 Abs. 1a UStG). **346**

4.6.4 Kleinunternehmerregelung

Führt der Psychotherapeut neben steuerbefreiten auch steuerpflichtige Umsätze aus, so kann er die Umsatzsteuerbesteuerung dennoch nach § 19 Abs. 1 UStG vermeiden, wenn er als Kleinunternehmer tätig wird. Ein Unternehmer ist Kleinunternehmer, wenn sein Gesamtumsatz mit steuerpflichtigen Leistungen im vorangegangenen Kalenderjahr 22.000 EUR (ab dem 01.01.2025: 25.000 EUR) nicht überstiegen hat und im laufenden Kalenderjahr voraussichtlich 50.000 EUR (ab dem 01.01.2025: 100.000 EUR) nicht übersteigen wird. Ab dem 01.01.2025 setzt die Umsatzsteuerpflicht bei Überschreiten der Umsatzgrenze von 100.000 EUR im laufenden Jahr bereits ab dem Zeitpunkt der Überschreitung ein. **347**

Für die Ermittlung des Gesamtumsatzes im Sinne des § 19 Abs. 3 UStG zieht man vom Gesamtumsatz die steuerfreien Umsätze ab. Bei Beginn der Tätigkeit im Laufe eines Jahres ist der tatsächliche Umsatz auf einen Jahresumsatz hochzurechnen. Der hochgerechnete Jahresumsatz ist dann maßgeblich für die Bemessung der Kleinunternehmergrenzen. **348**

Zur jährlichen Überwachung der Grenzen des Kleinunternehmers ist es hilfreich, die nicht medizinisch indizierten Leistungen des Psychotherapeuten in der Buchhaltung auf gesonderten Erlöskonten zu erfassen. Die o. g. Grenzen können somit im Rahmen der Einnahmen-Überschuss-Rechnung laufend geprüft werden. **349**

Der Psychotherapeut, der mit seinen steuerpflichtigen Gesamtumsätzen die Grenzen des § 19 Abs. 3 UStG nicht überschreitet, darf die Umsatzsteuer in seinen der Steuerpflicht unterliegenden Rechnungen nicht gesondert ausweisen. Führt er dennoch die Umsatzsteuer in der Rechnung an, so ist diese an das Finanzamt abzuführen. **350**

Der Kleinunternehmer kann auch auf die Behandlung als Kleinunternehmer verzichten und zur Umsatzsteuerpflicht optieren. Dies kann für ihn günstig sein, **351**

59 Abschnitt 4.28.1 Abs. 2 UStAE.

wenn z. B. hohe Vorsteuerbeträge (also Umsatzsteuer aus bezogenen Leistungen/Lieferungen) geltend gemacht werden können. Der Psychotherapeut muss jedoch beachten, dass der Verzicht auf die Kleinunternehmerregelung ihn für mindestens fünf Jahre bindet, steuerpflichtige Leistungen mit Umsatzsteuer abzurechnen.

4.6.5 Bemessungsgrundlage, Steuersatz und Vorsteuer

352 Für die umsatzsteuerpflichtigen Umsätze ist grundsätzlich das tatsächlich vereinbarte Entgelt maßgeblich. Als Freiberufler kann ein Psychotherapeut wählen, dass nicht auf die vereinbarten, sondern auf die tatsächlich gezahlten Entgelte abgestellt wird. Dies führt dazu, dass die Umsatzsteuerpflicht erst dann ausgelöst wird, wenn der in Rechnung gestellte Betrag vereinnahmt worden ist.

353 Gemäß § 12 UStG gilt für umsatzsteuerpflichtige Leistungen des Psychotherapeuten (bspw. Gutachten über die Berufstauglichkeit) der Regelsteuersatz von derzeit 19 %.

354 Gemäß § 15 Abs. 1 UStG kann der zur Umsatzsteuererklärung verpflichtete Unternehmer Umsatzsteuern, die ihm im Zusammenhang mit Vorleistungen für umsatzsteuerpflichtige Leistungen in Rechnung gestellt worden sind (sogenannte Vorsteuer), von der an das Finanzamt abzuführenden Umsatzsteuer abziehen.

355 Werden Leistungen bezogen, die sowohl für den steuerpflichtigen Bereich als auch für den steuerfreien Bereich des Psychotherapeuten bestimmt sind, so hat eine Aufteilung der Vorsteuer zu erfolgen. Diese Aufteilung kann nach dem Verhältnis der steuerpflichtigen Umsätze zu den Gesamtumsätzen des Psychotherapeuten geschätzt werden.

356 Werden Werklieferungen oder sonstige Leistungen eines im Ausland ansässigen Unternehmers bezogen, ist darauf zu achten, dass sich in diesem Fall die Verpflichtung zur Erklärung der Umsätze umkehren kann. Nicht der Leistende (ausländische) Unternehmer ist zur Anmeldung verpflichtet, sondern der inländische Psychotherapeut, der unabhängig von der Steuerfreiheit seiner Umsätze dennoch Unternehmer i. S. d. Umsatzsteuergesetzes ist (§ 13b UStG). In Betracht kommen hier insbesondere Handwerkerleistungen.

4.6.6 Verfahrensrecht

357 Die Umsatzsteuer ist grundsätzlich nach § 18 UStG der Finanzbehörde anzumelden. Die Anmeldung hat grundsätzlich in elektronischer Form nach dem amtlich vorgeschriebenen Datensatz zu erfolgen. Auf Antrag kann das Finanzamt zur Vermeidung unbilliger Härten eine Voranmeldung anhand eines Formulars zulassen. In jedem Fall hat die Voranmeldung bis zum 10. Tag nach Ablauf eines Voranmeldungszeitraums zu erfolgen. Der Anmeldezeitraum ist entweder der Kalendermonat oder das Kalendervierteljahr. Unternehmer, die im vorausgegangenen Kalenderjahr nur eine geringe Zahllast hatten, kann das Finanzamt von der

Pflicht zur Abgabe von Voranmeldungen befreien. Der zutreffende Voranmeldungszeitraum ergibt sich wie folgt aus der Zahllast des vergangenen Kalenderjahres:

Tab. 6: Voranmeldungszeiträume der Umsatzsteuer

– Nicht mehr als	1.000 EUR	Jahreserklärung
– Nicht mehr als	7.500 EUR	vierteljährliche Voranmeldung
– Mehr als	7.500 EUR	monatliche Voranmeldungen

Für neu angemeldete Unternehmen muss grundsätzlich zunächst (im laufenden 358
und folgenden Kalenderjahr) eine monatliche Voranmeldung erstellt werden. Beträgt die voraussichtliche Umsatzsteuer jedoch nicht mehr als 7.500 EUR ist auch eine vierteljährliche Voranmeldung zulässig (gültig für Neugründungen in den Jahren 2021 bis 2026)[60].

5 Besteuerung von Kooperationen

5.1 Grundlagen

Mit den berufs- und sozialrechtlich erweiterten Kooperationsmöglichkeiten hat 359
der Gesetzgeber in der Vergangenheit Impulse für Kooperationen mit Berufskollegen der gleichen Berufsgruppe und auch für fachübergreifende Kooperationen geschaffen.

Die Praxiskooperation bietet eine Möglichkeit zur Verbesserung der wirtschaftli- 360
chen Situation einer Praxis. Anlass hierfür können sowohl die Verringerung der eigenen Ausgaben und die Umsetzung von Kostensynergien durch Kostenteilung mit anderen sein, als auch die Sicherung des Standorts durch Kooperationen mit anderen Praxen, mit denen zusammen eine Erweiterung des Leistungsangebots vorgenommen werden kann.

Im Jahr 2023 haben rund 11 % der Psychotherapeuten in Berufsausübungs- 361
gemeinschaften oder Einrichtungen praktiziert[61].

Im Rahmen der möglichen Kooperationsformen wird zwischen 362

- Berufsausübungsgemeinschaften und
- Medizinischen Versorgungszentren sowie
- Praxisgemeinschaften

unterschieden.

Die Berufsausübungsgemeinschaft kann in der Rechtsform der GbR (auch Gesell- 363
schaft bürgerlichen Rechts) als auch in der Rechtsform der Partnerschaftsgesell-

60 § 18 Abs. 2 UStG.
61 Kassenärztliche Bundesvereinigung: www.gesundheitsdaten.kbv.de/cms/html/17019.php

schaft betrieben werden. Das Medizinische Versorgungszentrum kann daneben auch in der Rechtsform der GmbH geführt werden.

364 In der Berufsausübungsgemeinschaft schließen sich, wie auch in den Medizinischen Versorgungszentren, mehrere Psychotherapeuten und/oder Ärzte zusammen, um durch gemeinsame Tätigkeit zusammen Einkünfte zu erzielen.

365 Zum anderen gibt es die Praxisgemeinschaft, bei der jeder Psychotherapeut für sich selbst tätig ist und lediglich die Kosten für die Nutzung von Räumen und ggf. von Inventar mit anderen Psychotherapeuten teilt (vgl. TZ 374 ff.).

5.2 Sonderbetriebsvermögen

366 Sofern sich mehrere Psychotherapeuten in einer Kooperation zusammenschließen, gibt es in den meisten Fällen auch sogenanntes Sonderbetriebsvermögen.

367 Als Sonderbetriebsvermögen bezeichnet man Wirtschaftsgüter, die im zivilrechtlichen Eigentum eines oder mehrerer Gesellschafter stehen und die der Gesellschaft (bspw. der Berufsausübungsgemeinschaft oder dem MVZ) zur Verfügung gestellt werden oder die der Beteiligung an der Gesellschaft dienen (R 4.2. Abs. 2 EStR).

368 Sonderbetriebsausgaben sind alle im Zusammenhang mit der Beteiligung stehenden Aufwendungen, die nicht über die Gemeinschaft gezahlt werden und die steuerlich abzugsfähig sind. Dies können bspw. Fortbildungen, Telefonkosten, Aufwendungen für Arbeitszimmer oder die Home-Office-Pauschale sein.

369 Daneben gibt es auch Vermögensgegenstände oder Verbindlichkeiten, die mit der Beteiligung im Zusammenhang stehen aber nur von einem oder mehreren Gesellschaftern getragen werden. Nachfolgend einige Beispiele für Sonderbetriebsvermögen, die in der Praxis häufig anzutreffen sind:

370 Psychotherapeut A nimmt bspw. zur **Finanzierung seines Gesellschaftsanteils** ein Darlehen auf. Das Darlehen stellt somit Sonderbetriebsvermögen des A dar, da es im Zusammenhang mit seiner Beteiligung steht und ihr somit dient. Die Zinsen für das Darlehen stellen sogenannte Sonderbetriebsausgaben des A dar.

371 Ein weiteres Beispiel für Sonderbetriebsvermögen können die **betrieblichen Pkw** der Gesellschafter sein. Zur Vermeidung von Streit wird meistens bereits im Gesellschaftsvertrag festgelegt, dass die Aufwendungen für die Pkw der Gesellschafter nicht von der Praxis zu tragen sind.

372 Nutzen die Gesellschafter ihre Pkw zu mehr als 50 % für die Praxis, so sind diese als notwendiges (Sonder-)Betriebsvermögen zu berücksichtigen (zur steuerlichen Berücksichtigung von Pkw-Aufwendungen vgl. TZ 263).

Auch **Immobilien** können Sonderbetriebsvermögen sein. Mietet die Kooperation die Praxisräume von Gesellschafter A an, so stellt die Immobilie bei Gesellschafter A Sonderbetriebsvermögen dar. A kann im Rahmen seines Sonderbetriebsvermögens alle mit der Immobilie im Zusammenhang stehenden Kosten (Abschreibung, Darlehenszinsen, Instandhaltungen, usw.) geltend machen. Die Mieteinnahmen hat er als Sonderbetriebseinnahmen zu berücksichtigen. Wichtig ist hierbei, dass für die Immobilie auf Grund der Zuordnung als Sonderbetriebsvermögen keine steuerfreie Veräußerung nach 10 Jahren möglich ist. Bei einer Veräußerung der Immobilie sind die in der Immobilie vorhandenen stillen Reserven (Veräußerungspreis abzüglich Buchwert) zu versteuern. 373

5.3 Praxisgemeinschaften

5.3.1 Definition und rechtliche Rahmenbedingungen

Eine Praxisgemeinschaft wird definiert als der Zusammenschluss zweier oder mehrerer Psychotherapeuten, die gemeinsam Praxisräume oder Praxiseinrichtungen nutzen sowie gemeinsames Praxispersonal in Anspruch nehmen. An der Praxisgemeinschaft können auch Ärzte oder andere heilberufliche Leistungserbringer beteiligt werden. 374

Motivation zur Bildung einer Praxisgemeinschaft unter Psychotherapeuten ist vorwiegend die gemeinsame Nutzung von Praxisressourcen sowie die Aufteilung von Anschaffungs- und Unterhaltungskosten der Praxiseinrichtung. 375

Gemeinsam ist allen Praxisgemeinschaften, dass jedes Mitglied seinen Beruf grundsätzlich getrennt von den anderen Gesellschaftern ausübt. Es ist keine gemeinschaftliche, sondern einen individuelle Gewinnerzielung beabsichtigt. Auch ist der Praxiswert dem einzelnen Beteiligten zuzuordnen. 376

Kassenarztrechtlich handelt es sich bei der Praxisgemeinschaft ebenfalls um getrennte Praxen mit eigenen Abrechnungsnummern und Verantwortlichkeiten. Die Gründung einer Praxisgemeinschaft ist demnach – anders als die Gründung einer Berufsausübungsgemeinschaft – nicht von einer Genehmigung durch die kassenärztliche Vereinigung abhängig. 377

Behandeln die Mitglieder einer Praxisgemeinschaft die gleichen Patienten, ist Vorsicht geboten. Bisher gilt eine Aufgriffsgrenze von 20 %. Beträgt der gemeinsame Patientenanteil mehr als 20 % ist mit Honorarkürzungen zu rechnen, da die Praxisgemeinschaft wie eine Berufsausübungsgemeinschaft geführt wird. 378

Die Praxisgemeinschaft wird in der Regel als Gesellschaft bürgerlichen Rechts (GbR) geführt. Die Praxisgemeinschaft tritt im Regelfall nach außen auf, da sie am Rechtsverkehr durch Abschluss von z. B. Mietverträgen, Dienstverträgen, Versorgungsverträgen und Kaufverträgen teilnimmt. 379

5.3.2 Die Besteuerung der Praxisgemeinschaft

5.3.2.1 Verfahrensrechtliche Grundlagen

380 Die Praxisgemeinschaft ist steuerlich als Hilfsgesellschaft anzusehen, da lediglich die Kosten an die Mitglieder verteilt werden. Die Praxisgemeinschaft ist daher nicht als eigene Mitunternehmerschaft zu qualifizieren.[62]

381 Dennoch erfordert die Verteilung der über eine Praxisgemeinschaft gemeinsam geführten Kosten die Abgabe der gesonderten Feststellungserklärung beim Finanzamt[63].

382 Die Praxisgemeinschaft ist demnach zunächst dem zuständigen Finanzamt anzumelden und erhält eine eigene Steuernummer.

383 Alle über die Praxisgemeinschaft erfassten Kosten sind gesondert aufzuzeichnen und ihre Verteilung auf die einzelnen Mitglieder nachvollziehbar darzustellen. Am Jahresende ist in einer Ergebnisrechnung der gesamte Kostenanteil für jedes einzelne Mitglied festzustellen.

384 Die Praxisgemeinschaft kann dabei ihre Kosten nach dem Prinzip der Einnahmen-Überschuss-Rechnung (siehe hierzu Kapitel 4.2.1) oder nach Bilanzierungsgrundsätzen ermitteln (vgl. hierzu Kapitel 4.2.2).

385 Die ermittelten Kostenanteile werden dann in einer gesonderten und einheitlichen Feststellungserklärung beim zuständigen Finanzamt erklärt. Das Finanzamt erlässt daraufhin einen Feststellungsbescheid gegenüber der Praxisgemeinschaft. Dieser Bescheid ist ein sogenannter Grundlagenbescheid. Die Kostenanteile werden so bei den einzelnen Mitgliedern steuerlich berücksichtigt.

386 Zu beachten ist, dass die gesonderte und einheitliche Feststellung der Praxisgemeinschaft bei einem Beteiligten, der daneben aus einer Einzelpraxis Einkünfte erzielt, die gesondert festzustellen sind, Grundlagenbescheid allein für die gesonderte Gewinnfeststellung der Einzelpraxis ist, nicht aber für den Einkommensteuerbescheid[64].

5.3.2.2 Gewerbesteuerliche Grundlagen

387 Da keine Gewinnerzielungsabsicht gegeben ist, handelt es sich bei der Praxisgemeinschaft nicht um einen Gewerbebetrieb.

388 Sollte die Praxisgemeinschaft nicht nur die tatsächlichen Kosten fordern, sondern auch einen Gewinnaufschlag berechnen (bspw. bei der Leistungserbringung an Nichtmitglieder), so kann dies jedoch zu einer gewerblichen Tätigkeit der Praxisgemeinschaft führen.

---

62 BFH vom 14.04.2005, BStBl 2005 II, S. 752.
63 § 1 Abs. 1 Satz 1 Nr. 1 der Verordnung zu § 180 Abs. 2 AO i. V. m. § 180 Abs. 2 AO
64 BFH vom 10.06.1999, IV R 25/98, BStBl 1999 II, S. 545.

Ist an der dann gewerblichen Praxisgemeinschaft eine Berufsausübungsgemeinschaft beteiligt, so sind die Einkünfte aus der an der Praxisgemeinschaft beteiligten Berufsausübungsgemeinschaft als gewerbliche Einkünfte zu qualifizieren (Einheitstheorie, vgl. TZ 409 ff.)[65]. Allerdings sind die dann gewerblich gewordenen Einkünfte nicht gewerbesteuerbar. 389

5.3.2.3 Umsatzsteuerliche Grundlagen

Die Praxisgemeinschaft selbst gilt nach Auffassung der Finanzverwaltung als Unternehmer im umsatzsteuerlichen Sinne. Demzufolge sind auch Leistungen der Praxisgemeinschaft an die einzelnen Mitglieder steuerbare, generell aber steuerfreie Leistungen. 390

Für die Anerkennung als Praxisgemeinschaft ist allerdings darauf zu achten, dass die gemeinsam zu tragenden Kosten durch die Gemeinschaft selbst veranlasst werden. Mietverträge oder die Anstellung von gemeinsamem Personal müssen durch die Praxisgemeinschaft selbst vereinbart werden. Schließt dagegen nur eine der Parteien den Vertrag ab und gibt einen Teil der Kosten an die andere Partei weiter, liegt keine Praxisgemeinschaft vor, sondern eine entgeltliche Weiterbelastung einzelner Kosten, was steuerlich nachteilig sein kann. 391

Werden die zentral beschafften Posten (wie bspw. medizinische Einrichtungen, Apparate und Räume) den Mitgliedern zur Verfügung gestellt, erfüllt die Überlassung in der Regel die Voraussetzung der Steuerbefreiung, wenn die Leistungen von Psychotherapeuten unmittelbar zur Ausführung ihrer steuerfreien Umsätze verwendet werden (§ 4 Nr. 29 UStG). 392

Verwenden Mitglieder die bezogenen Leistungen für die Erbringung von steuerpflichtigen Leistungen, so ist dieser Leistungsbezug umsatzsteuerpflichtig. Die Steuerbefreiung der Umsätze an die Mitglieder (die für umsatzsteuerfreie Leistungen verwendet werden) wird hierdurch aber nicht berührt[66]. 393

Eine unmittelbare Verwendung zur Ausführung steuerfreier Umsätze setzt ebenfalls voraus, dass die jeweilige Gemeinschaftsleistung gegenüber den Patienten eingesetzt wird. Diese Voraussetzung ist jedoch nicht erfüllt, wenn die Praxisgemeinschaft für die Praxen ihrer Mitglieder allgemeine Verwaltungsleistungen wie z. B. die Buchführung, die Rechtsberatung oder aber die zentrale Abrechnung übernimmt. Hierbei handelt es sich um sonstige Leistungen, die nur mittelbar zur Ausführung der steuerfreien psychotherapeutischen Leistungen verwendet werden und deshalb nicht unter § 4 Nr. 29 UStG fallen. 394

Voraussetzungen für die Anwendbarkeit von § 4 Nr. 29 UStG ist zudem, dass die Praxisgemeinschaft nur die genaue Erstattung des jeweiligen Anteils an den 395

65 BFH vom 06.06.2019 - IV R 30/16, DStR 2019, 1630.
66 BMF v. 19.07.2022 - III C 3 - S 7189/20/10001 :001 BStBl 2022 I S. 1208.

gemeinsamen Kosten von ihren Mitgliedern fordert. Der Aufteilungsschlüssel der Kosten muss dabei verursachungsgerecht erfolgen. Er kann insbesondere am Umfang oder der Häufigkeit der Inanspruchnahme der Leistung bemessen werden. Auch ist neben einer aufwandsbezogenen Kostenzuordnung eine Bemessung und Aufteilung der Kosten nach der Anzahl der Mitglieder oder anhand der Höhe der Beteiligung an der Praxisgemeinschaft möglich. Allerdings darf die vereinbarte Kostenverteilung nicht in einem gravierenden Missverhältnis zur jeweiligen Inanspruchnahme der Leistung stehen[67].

396 Die Kosten müssen also sachgerecht und nachvollziehbar auf die einzelnen Mitglieder verteilt werden. Es darf hierdurch nicht zu einer Verschiebung unter den Mitgliedern kommen, die von der tatsächlichen Nutzung abweicht. Eine pauschale Kostenerstattungsregelung ist daher meistens problematisch.

397 Wenn die Praxisgemeinschaft mit Gewinnerzielungsabsicht betrieben wird, sind die Leistungen der Praxisgemeinschaft ebenfalls nicht nach § 4 Nr. 29 UStG umsatzsteuerbefreit.

398 Zu beachten ist auch, dass für den Fall, dass Praxisgemeinschaften Leistungen an Nichtmitglieder abgeben, diese stets steuerpflichtig sind. Die Leistungen an die Mitglieder sind hiervon jedoch nicht berührt.

399 Fällt unter die Aufgabe der Praxisgemeinschaft auch die zentrale Beschaffung von Praxisräumen und ihre Zurverfügungstellung, so greift alternativ zu § 4 Nr. 29 UStG die Steuerbefreiung für die Vermietung von Grundstücken nach § 4 Nr. 12 Buchst. a) UStG.

5.4 Berufsausübungsgemeinschaften

400 Das Vertragsarztrechtsänderungsgesetz hat den langjährig eingeführten Begriff der Gemeinschaftspraxis durch den der Berufsausübungsgemeinschaft ersetzt. Darüber hinaus ist die Möglichkeit der Bildung von Kooperationsformen unter dieser Namensbezeichnung erweitert worden. Gemeinsam ist den Berufsausübungsgemeinschaften – in Abgrenzung zu den Praxisgemeinschaften – die gemeinschaftliche Berufsausübung. Im Unterschied zur Praxisgemeinschaft kommt hier der Behandlungsvertrag zwischen den Patienten und sämtlichen Mitgliedern der Berufsausübungsgemeinschaft zustande. Im Verhältnis zum Kassenrecht ist die Berufsausübungsgemeinschaft eine Abrechnungseinheit. Die von ihr erbrachten Leistungen werden unter einer Abrechnungsnummer abgerechnet. Die Gründung der Berufsausübungsgemeinschaft bedarf der vorherigen Genehmigung durch den Zulassungsausschuss bei der kassenärztlichen Vereinigung.

67 BMF v. 19.07.2022 - III C 3 - S 7189/20/10001 :001 BStBl 2022 I S. 1208.

Eine Sonderform der Berufsausübungsgemeinschaft stellt die sogenannte Teilberufsausübungsgemeinschaft dar. Hierbei erstreckt sich die gemeinsame Berufsausübung in der Berufsausübungsgemeinschaft nicht über alle Leistungen der Mitglieder. 401

Nach dem Vertragsarztrechtsänderungsgesetz können Berufsausübungsgemeinschaften seit 2007 auch an mehreren Standorten tätig werden. Man spricht dann von einer überörtlichen Berufsausübungsgemeinschaft. Diese sind steuerlich nach den gleichen Kriterien zu behandeln wie die an einem Standort tätige Berufsausübungsgemeinschaft. 402

Die Berufsausübungsgemeinschaft kann in zwei verschiedenen Rechtsformen auftreten: 403

- Gesellschaft bürgerlichen Rechts (GbR)
- Partnerschaftsgesellschaft.

Die Berufsausübungsgemeinschaft in der Form einer Partnerschaftsgesellschaft ist bereits seit 1994 möglich. Sie ist bislang unter Ärzten und Psychotherapeuten aber noch wenig verbreitet. 404

Der wesentliche Unterschied zur GbR besteht darin, dass die Haftung bei Behandlungsfehlern in der Partnerschaftsgesellschaft auf den sog. handelnden Partner beschränkt wird. Es haftet mit seinem Privatvermögen somit nur derjenige, der den Fehler begangen hat. 405

5.4.1 Die Besteuerung einer Berufsausübungsgemeinschaft

Betreiben mehrere Psychotherapeuten gemeinsam eine Berufsausübungsgemeinschaft, so unterliegt diese als Personengesellschaft selbst weder der Einkommensteuerpflicht noch der Körperschaftsteuerpflicht. Allerdings ist sie umsatzsteuerlicher Unternehmer und kann je nach Qualifikation der Einkünfte auch der Gewerbesteuerpflicht unterliegen. Sie ist insoweit als eigenständiges Steuersubjekt anzusehen. 406

Das bedeutet, dass für die Berufsausübungsgemeinschaft eine Gewinnermittlung (vgl. Kapitel 4.2) zu erstellen ist, in der alle Einnahmen und Ausgaben der Berufsausübungsgemeinschaft zu erfassen sind. Dieser Gewinn ist dann auf die beteiligten Psychotherapeuten zu verteilen und in einer gesonderten und einheitlichen Feststellungserklärung an das Finanzamt zu übermitteln. Die in der gesonderten und einheitlichen Feststellungserklärung festgestellten Besteuerungsgrundlagen sind dann in die privaten Einkommensteuererklärungen der Gesellschafter zu übernehmen. 407

5.4.1.1 Qualifikation der Einkünfte

408 Erstreckt sich der Leistungsbereich der Berufsausübungsgemeinschaft ausschließlich auf die Kernleistungen des Psychotherapeuten, sind diese als freiberufliche Einkünfte nach § 18 EStG anzusetzen. Zu beachten ist jedoch, dass freiberufliche Einkünfte nur dann erzielt werden können, wenn alle Gesellschafter die Merkmale eines freien Berufs erfüllen.

5.4.1.2 Gefahr der Gewerbesteuer

409 Erbringt die Berufsausübungsgemeinschaft neben den freiberuflichen Tätigkeiten auch beratende Tätigkeiten, die als gewerblich einzustufen sind (z. B. Personalberatung oder Marktforschung), so färbt dies auf alle Einkünfte der Berufsausübungsgemeinschaft ab und führt dazu, dass diese im vollen Umfang als Gewerbebetrieb betrachtet wird (sog. gewerbliche Infizierung). Es ist dabei grundsätzlich unerheblich, in welchem Umfang die gewerblichen Einkünfte im Verhältnis zu den freiberuflichen Einkünften stehen.

410 Lediglich dann, wenn die gewerbliche Tätigkeit so geringfügig ist, dass sie weniger als 3 % des Gesamtumsatzes der Berufsausübungsgemeinschaft ausmacht (oder bei einem Gesamtumsatz über 817.500 EUR p.a. weniger als 24.500 EUR), bleibt die Umqualifizierung aus[68].

411 Ist der Umfang der gewerblichen Tätigkeit der Berufsausübungsgemeinschaft nicht mehr als geringfügig anzusehen, führen diese gewerblichen Umsätze zur Umqualifizierung **sämtlicher** Einkünfte der Berufsausübungsgemeinschaft in gewerbliche Einkünfte. Auch die Einkünfte aus psychotherapeutischer Tätigkeit unterliegen dann der Gewerbesteuer.

412 Besonderes Gefahrenpotenzial bietet die gewerbliche Infizierung im Zusammenhang mit Direktverträgen nach § 140a ff. SGB V sowie § 70c SGB V. Einnahmen aus diesen Verträgen werden in der Regel als Fall- oder Kopfpauschale bezahlt. Soweit im Rahmen dieser Verträge die Vergütung für Leistungen verschiedener Leistungserbringer (u. a. Sanitätshäuser oder Apotheker) mit in die Fallpauschale eingebunden ist, besteht für psychotherapeutische Berufsausübungsgemeinschaften ein gewerbesteuerliches Risiko.

413 Auch die Teilberufsausübungsgemeinschaft unterliegt den gleichen steuerlichen Grundsätzen wie die Berufsausübungsgemeinschaften. Steuerlich relevante Fragestellungen können sich jedoch durch die Gewinnverteilung ergeben. Es ist daher bei der Vertragsabfassung einer Teilberufsausübungsgemeinschaften besonders darauf zu achten, dass sich die Gewinnverteilungsabrede unter den Gesellschaftern eng an den tatsächlichen Tätigkeitsbeiträgen orientiert, andernfalls droht einer Teilberufsausübungsgemeinschaft ein besonderes Risiko der Gewerblichkeit.

---

68 BFH vom 11.08.1999 XIR 2/98 BstBl 2000 II S. 229.

Wie bei der Berufsausübungsgemeinschaft darf auch bei der Teilberufsausübungsgemeinschaft kein Gesellschafter nur kapitalmäßig beteiligt sein oder Tätigkeiten ausüben, die keine freiberuflichen sind, da ansonsten die gesamten Einkünfte der Teilberufsausübungsgemeinschaft gewerblich werden. 414

Vermeidungsstrategien

Beabsichtigt ein Mitglied einer Berufsausübungsgemeinschaft gewerbliche Tätigkeiten auszuüben, empfiehlt es sich, dass er diese Tätigkeiten außerhalb der Berufsausübungsgemeinschaft erbringt. Diese Tätigkeit sollte ausgegliedert und im eigenen Namen und auf eigene Rechnung des jeweiligen Psychotherapeuten erbracht werden. Hierdurch wird eine gewerbliche Infizierung der Einkünfte der Berufsausübungsgemeinschaft vermieden. 415

Erbringt die Berufsausübungsgemeinschaft gewerbliche Leistungen, so kann zur Vermeidung der gewerblichen Infizierung eine gesonderte gewerbliche GbR gegründet werden, die von der freiberuflichen Berufsausübungsgemeinschaft organisatorisch, personell und wirtschaftlich getrennt zu führen ist. 416

Anrechnung der Gewerbesteuer

Sollte sich die gewerbliche Infizierung der Einkünfte der Berufsausübungsgemeinschaft nicht vermeiden lassen, so kann die von der Gemeinschaft zu zahlende Gewerbesteuer zumindest teilweise auf die Einkommensteuer der einzelnen Gesellschafter angerechnet werden. 417

Durch diese pauschalierte Anrechnung der Gewerbesteuerbelastung auf die Einkommensteuer (§ 35 EStG) hat sich die Gewerbesteuerproblematik zwar entschärft, je nach Höhe der persönlichen Anrechnungsvoraussetzungen kann jedoch eine Erhöhung der Gesamtsteuerbelastung im Falle der Umqualifizierung zu einer empfindlichen Mehrbelastung führen (vgl. hierzu Kapitel 4.5.2). 418

Hinzu kommt, dass sich der anrechenbare Gewerbesteueranteil eines Gesellschafters an dem allgemeinen Gewinnverteilungsschlüssel orientiert, wobei Vorabgewinnanteile nicht berücksichtigt werden. 419

5.4.2 Verfahren zur Gewinnfeststellung

Das Verfahren zur Erhebung der Steuern bei einer Berufsausübungsgemeinschaft ist dreistufig: 420

1. In einer sog. Erklärung zur gesonderten und einheitlichen Feststellung der Einkünfte haben die Psychotherapeuten dem Finanzamt jedes Jahr die Einnahmen-Überschuss-Rechnung über ihre gemeinsamen Einnahmen und Ausgaben zu erklären bzw. das im Rahmen eines Betriebsvermögensvergleichs ermittelte Jahresergebnis. Zudem sind hierin auch die Sonderbetriebseinnahmen- und Sonderbetriebsausgaben (vgl. Kapitel 5.2) zu erklären. Bei den

überörtlichen Berufsausübungsgemeinschaften ist organisatorisch darauf zu achten, dass die Einnahmen- und Ausgabenrechnungen aller einzelnen Standorte am Jahresende zusammenzufassen sind und bei dem Finanzamt an dem Standort gemeldet werden müssen, an dem die Berufsausübungsgemeinschaft ihren Sitz hat.

2. Daraufhin erlässt das Finanzamt für die Gesellschaft einen sogenannten Feststellungsbescheid, in dem das von den Psychotherapeuten gemeinsam erzielte Jahresergebnis und dessen Verteilung auf die einzelnen Psychotherapeuten zusammengestellt ist.
3. Jeder an der Berufsausübungsgemeinschaft beteiligte Psychotherapeut hat den nach dem Feststellungsbescheid auf ihn entfallenden Ergebnisanteil in der Einkommensteuererklärung bei seinen Einkünften aus selbstständiger Tätigkeit anzusetzen. Einkommensteuerpflichtig ist somit nicht die Gesellschaft, sondern der einzelne Gesellschafter.

5.4.3 Umsatzsteuerliche Aspekte

421 Die Berufsausübungsgemeinschaft ist selbstständiger Unternehmer nach § 2 Abs. 1 UStG. Ihre Leistungen sind im gleichen Umfang als steuerbar und steuerbefreit nach § 4 Nr. 14 Buchst. a) UStG zu bewerten, wie die einer Einzelpraxis. Werden neben den steuerbefreiten Leistungen auch steuerpflichtige Leistungen von der Berufsausübungsgemeinschaft erbracht, so hat sie selbstständig eine Umsatzsteuererklärung einzureichen. Möchte man die Entstehung von Umsatzsteuern vermeiden, so muss man auf die Einhaltung der Kleinunternehmergrenze nach § 19 Abs. 1 UStG achten, die auch für die Berufsausübungsgemeinschaft bei einer Umsatzgrenze von 22.000 EUR (bis 2019: 17.500 EUR) für steuerpflichtige Leistungen liegt.

5.5 Medizinische Versorgungszentren

5.5.1 Erscheinungsform medizinischer Versorgungszentren

422 Mit dem 01.01.2004 ist eine Sonderform der Kooperation für Heilberufe eingeführt worden – das medizinische Versorgungszentrum.

423 Ziel der Einführung war u. a. die Verbesserung der Versorgungsstruktur, in dem eine enge Verzahnung ärztlicher und nichtärztlicher Leistungserbringer erfolgen sollte, um den Patienten eine ganzheitliche Versorgung anbieten zu können.

424 Seit der Einführung der MVZ wächst die Zahl dieser neuen Versorgungsformen kontinuierlich. Bis zum 31.12.2022 waren bereits 4.574 medizinische Versorgungszentren mit 27.939 Ärzten/Psychotherapeuten zugelassen.

Das MVZ ist vom Gesetzgeber als ärztlich geleitete Einrichtung definiert, in denen in das Arztregister eingetragene Ärzte als angestellte Ärzte oder als Vertragsärzte tätig sind. 425

Voraussetzung für ein MVZ ist, dass mindestens zwei Ärzte/Psychotherapeuten mit jeweils einem Vertragsarztsitz unter dem Dach eines Versorgungszentrums tätig sind. Seit 2015 ist es nicht mehr erforderlich, dass in einem MVZ zwei unterschiedliche Facharztgruppen tätig sind. 426

In der Praxis ist zu beobachten, dass die meisten MVZ in der Rechtsform einer GbR oder einer GmbH gegründet werden. 427

Selbstverständlich sind auch Mischformen auf der Betreiberebene dergestalt denkbar, dass sowohl Vertragsärzte als auch angestellte Ärzte in einem MVZ tätig sind. 428

Wenn ein Psychotherapeut allein mit einem bei ihm angestellten Kollegen ein MVZ gründen möchte, kann er dies nur in der Rechtsform einer GmbH umsetzen, da für eine MVZ GbR zwei Personen Gesellschafter des MVZs sein müssen. 429

Die in der Praxis am häufigsten auftretende Form ist die Rechtsform der GbR, entweder in Verbindung mit Vertragsärzten oder angestellten Ärzten. 430

Sind Nichtärzte beteiligt, so wird eher die Rechtsform der GmbH mit angestellten Ärzten/Psychotherapeuten gewählt. 431

5.5.2 Laufende Besteuerung des MVZ als Personengesellschaft

Sind an einer MVZ GbR ausschließlich freiberuflich tätige Psychotherapeuten und Ärzte beteiligt, erzielen diese grundsätzlich Einkünfte aus selbstständiger Tätigkeit gemäß § 18 EStG. Allerdings kann auch eine MVZ GbR eine gewerbliche Tätigkeit ausüben und somit gewerbliche Einkünfte erzielen. Für die MVZ GbR gelten die in Kapitel 5.4. zu der Berufsausübungsgemeinschaft genannten Ausführungen ebenfalls. 432

Falls einer der Gesellschafter Gehalt für seine Tätigkeit erhält, wird dieses ebenfalls zu den Einkünften aus selbstständiger Tätigkeit gerechnet. Demgegenüber sind die Gehälter angestellter Psychotherapeuten, die nicht Gesellschafter der MVZ GbR sind, bei diesen als Einkünfte aus nichtselbstständiger Tätigkeit nach § 19 EStG anzusetzen. Die MVZ GbR hat in diesem Fall Betriebsausgaben. 433

Für die MVZ GbR ergeben sich die gleichen steuerlichen Pflichten, wie für die Berufsausübungsgemeinschaft (siehe hierzu Kapitel 5.4.1). 434

5.5.3 Laufende Besteuerung des MVZ als Kapitalgesellschaft

Die MVZ GmbH ist als eigenständiges Steuersubjekt als Gewerbebetrieb zu betrachten und insoweit zur laufenden Buchhaltung entsprechend den handels- 435 rechtlichen Vorschriften verpflichtet. Der Gewinn ist durch einen Betriebsvermögensvergleich (Bilanz) zu ermitteln. Die Gehälter der angestellten Ärzte mindern handels- und steuerrechtlich das Einkommen des MVZ.

436 Die MVZ GmbH hat auf ihre Gewinne sowohl Körperschaftsteuer (15 %) zzgl. Solidaritätszuschlag als auch Gewerbesteuer (bei einem Hebesatz von 400 % beträgt die Belastung hierauf 14 % des Gewinns) zu entrichten. Beide Steuerbeträge sind nicht als Betriebsausgabe abzugsfähig, sodass unter Berücksichtigung des Solidaritätszuschlages die steuerliche Belastung der Gewinne von medizinischen Versorgungszentren in der Form der GmbH ca. 30 % beträgt.

437 Der Steuersatz kommt unabhängig davon zur Anwendung, ob die Gewinne an die Gesellschafter ausgeschüttet oder in der Gesellschaft zurückbehalten werden.

438 Solange die GmbH keine Gewinnausschüttungen vornimmt, erfolgt die Besteuerung der Gewinne allein auf der Ebene der Gesellschaft. Die Gewinne der Gesellschaft sind erst dann bei den Gesellschaftern zu versteuern, wenn die Gesellschaft an die Anteilseigner die Ausschüttung beschließt.

439 Zur Vermeidung einer übermäßigen Doppelbelastung desselben Gewinns durch Körperschaftsteuer und Einkommensteuer wird bei Beteiligungen im Privatvermögen der ausgeschüttete Gewinn nur mit der ab 2009 geltenden Abgeltungssteuer (ca. 26,37 %) besteuert. Gehört die Beteiligung an der MVZ GmbH zu einem Betriebsvermögen, werden nach dem Teileinkünfteverfahren 60 % der Ausschüttung der Einkommensteuer unterworfen.

440 Von besonderer Bedeutung sind bei Kapitalgesellschaften im Rahmen der Ermittlung des zu versteuernden Einkommens sogenannte verdeckte Gewinnausschüttungen. Diese werden oftmals unbeabsichtigt veranlasst und haben ihre Ursache meist in einer schuldrechtlichen Vereinbarung zwischen einem Gesellschafter und der Gesellschaft. Entsprechen die Vergütungen aus diesen Verträgen nicht den an fremde Dritte gezahlten Vergütungen, geht die Finanzverwaltung davon aus, dass die Zahlungen an den Gesellschafter oder dessen Angehörige ganz oder teilweise im Gesellschaftsverhältnis begründet sind und daher zu Vorteilen des Gesellschafters und zu Lasten der Gesellschaft führen. Verdeckte Gewinnausschüttungen dürfen jedoch das Einkommen der Gesellschaft nicht mindern. Sie sind bei der Ermittlung des steuerlichen Ergebnisses der Kapitalgesellschaft daher dem Ergebnis hinzuzurechnen und werden beim Gesellschafter als Gewinnausschüttungen (Dividenden) erfasst.

441 Sofern der im MVZ arbeitende Psychotherapeut angestellt ist, erzielt er Einkünfte aus nichtselbstständiger Tätigkeit. Das MVZ als Arbeitgeber zahlt monatlich das vereinbarte Bruttogehalt unter Abzug der Lohnsteuer und der Beiträge zur Sozialversicherung an den angestellten Psychotherapeuten aus. Arbeitnehmeranteil und in der Regel ein gleich hoher Arbeitgeberanteil betragen insgesamt ca. 40 % des Bruttogehalts.

Die vom MVZ abgeführte Lohnsteuer ist als Vorauszahlung auf die Einkommensteuer des Psychotherapeuten zu betrachten und wird in der Jahressteuererklärung auf die Einkommensteuerschuld des Psychotherapeuten angerechnet. 442

Bei einem Anstellungsverhältnis besteht eine Vielzahl von Möglichkeiten das Gehalt des angestellten Psychotherapeuten steuerlich zu optimieren, beispielsweise über betriebliche Altersvorsorge (Pensionszusage, Unterstützungskasse oder Direktversicherung), sowie durch einen Dienstwagen oder auch durch die Gewährung von steuerfreien Sachbezügen (bspw. Kindergartenzuschuss oder Erholungsbeihilfen) (vgl. hierzu auch Kapitel 2.2). Im Falle seines späteren Ausscheidens können zudem steuerbegünstigte Abfindungszahlungen genutzt werden. 443

Ist der angestellte Psychotherapeut auch Gesellschafter, so führt die Rechtsform der Kapitalgesellschaft dazu, dass das Anstellungsverhältnis und die Gesellschafterstellung für steuerliche und sozialversicherungspflichtige Zahlungen getrennt werden. Aus dem Anstellungsverhältnis erzielt der Psychotherapeut immer Einkünfte aus nichtselbstständiger Tätigkeit. 444

Das Gehalt sowie die Gehaltsnebenkosten sind bei der MVZ GmbH als Betriebsausgabe steuerlich abzugsfähig. Die steuerliche Anerkennung hängt jedoch davon ab, dass Vereinbarungen zwischen dem MVZ und dem Psychotherapeuten als Angestellter einem Fremdvergleich standhalten; andernfalls werden die Einkünfte hinsichtlich der unangemessenen Anteile in verdeckte Gewinnausschüttungen umqualifiziert (R 8.5 KStR). Beispielsweise ist ein variabler Bonus, der sich am Umsatz und nicht am Gewinn bemisst, nach Auffassung der Rechtsprechung der Finanzverwaltung unüblich und daher immer steuerlich als verdeckte Gewinnausschüttung zu qualifizieren. 445

5.5.4 Umsatzsteuer und MVZ

Auf die Rechtsform, unter der heilberuflich Tätige ihre Leistungen erbringen, kommt es nicht an. Steuerbefreit sind deshalb auch die Leistungen von Personengesellschaften oder Kapitalgesellschaften, deren Mitglieder heilberufliche Leistungen erbringen und die Voraussetzungen zur Erbringung dieser Leistungen erfüllen. Die Umsätze einer Personengesellschaft oder einer Kapitalgesellschaft aus einer heilberuflichen Tätigkeit sind auch dann steuerfrei nach § 4 Nr. 14 UStG, wenn die Einkünfte ertragsteuerlich als Einkünfte aus gewerblicher Tätigkeit qualifiziert werden. 446

Sofern die Umsatzsteuerbefreiung nach § 4 Nr. 14 UStG besteht, kann auf sie nicht verzichtet werden. Steuerfrei nach § 4 Nr. 14 UStG sind die Umsätze aus der Tätigkeit als Arzt oder arztähnlichem Beruf. Hierzu gehören auch die Umsätze eines Psychotherapeuten. 447

448 Im Übrigen entsprechen die Grundsätze der umsatzsteuerlichen Behandlung von medizinischen Versorgungszentren den bereits dargestellten allgemeinen umsatzsteuerlichen Grundsätzen.

6 Steuerliche Aspekte bei der Praxisaufgabe oder -veräußerung

6.1 Grundlagen

449 Mit zunehmendem Alter stellt sich der niedergelassene Psychotherapeut der Frage der Praxisnachfolge. Für die Praxisnachfolge können verschiedene Nachfolgekonzepte alternativ überlegt werden.

450 In den meisten Fällen ist die Praxisnachfolge gleichzusetzen mit der Veräußerung der Einzelpraxis an einen Praxisübernehmer. Alternativ kann der abgabewillige Psychotherapeut überlegen, seine Praxis in eine Berufsausübungsgemeinschaft oder in ein MVZ einzubringen, um dort zusammen mit anderen Leistungsbringern ein breiteres Leistungsspektrum anzubieten und so seinen eigenen Praxiswert bei einer späteren Aufgabe der Tätigkeit zu steigern.

451 Zur Gründung einer Kooperation bspw. durch Einbringung der Praxis in eine andere Praxis oder der Aufnahme eines Psychotherapeuten in eine bestehende Einzelpraxis siehe Kapitel 3.5.2.

452 Aufgrund der Bedarfsplanung und der Sperre in fast allen Bedarfsplanungsbezirken ist die Niederlassungsfreiheit für kassenärztlich tätige Psychotherapeuten beeinträchtigt. Daher muss der Psychotherapeut sich rechtzeitig vor Übergabe mit den in seinem Planungsbezirk möglichen Nachfolgealternativen auseinandersetzen und die für ihn geeignete auswählen.

453 Bei einer Praxisveräußerung oder bei einer Einbringung in eine übergangsweise eingegangene Berufsausübungsgemeinschaft ist die Berechnung des Praxiswertes von ausschlaggebender Bedeutung. Der Praxiswert ergibt sich aus dem Wert der Praxiseinrichtung (materieller Praxiswert) und dem immateriellen Wert (bspw. Goodwill). Hiervon zu unterscheiden ist aber der Marktpreis der Praxis.

454 Der Wert einer Praxis kann nach verschiedenen Methoden berechnet werden. In der Praxis setzen sich immer mehr ertragswertorientierte Bewertungsmethoden durch. So hat 2008 die Bundesärztekammer ihre „Richtlinie zur Bewertung von Arztpraxen“[69] novelliert. Der ideelle Wert der Praxis soll demnach stärker ertragswertorientiert und zukunftsbezogen ermittelt werden, wobei insbesondere auch die Übertragbarkeit von Umsätzen und Leistungen in die Zukunft Berücksichtigung finden soll. Darüber hinaus haben einzelne Landesverbände, z. B. Bremen,

69 DÄBl. 2008, A-2778.

Empfehlungen zur Bewertung von Praxen gegeben.[70] Hingegen kann es sinnvoll sein, den Wert nach mehreren Methoden zu berechnen, um so das Spektrum eines realistischen Werts besser eingrenzen zu können.

6.2 Formen der Praxisbeendigung

Es sind folgende Fallkonstellationen einer Praxisbeendigung zu unterscheiden: **455**

6.2.1 Unentgeltliche Übertragung

Diese Fallgestaltung ist für den Fall denkbar, dass ein Psychotherapeut seine Praxis **456** unentgeltlich, z. B. auf Kinder, die ebenfalls die Zulassungsvoraussetzungen erfüllen, übertragen möchte. Bei der unentgeltlichen Übertragung können die Buchwerte einer Praxis nach § 6 Abs. 3 EStG vom Übernehmer fortgeführt werden.

Ein Veräußerungsgewinn fällt insoweit nicht an. Die unentgeltliche Übertragung **457** zu Buchwerten setzt allerdings voraus, dass alle funktionalen wesentlichen Betriebsgrundlagen übertragen werden. Dazu gehören für den Fall der Praxis im eigenen Haus auch die eigenbetrieblich genutzten Räume. Sollten diese zurückgehalten und in das Privatvermögen überführt werden, ist insgesamt keine Buchwertübertragung möglich.

Dann müssen die sogenannten stillen Reserven (dies ist die Differenz zwischen **458** den tatsächlichen Verkehrswerten und den Buchwerten der Praxisgegenstände) aufgedeckt und besteuert werden.

6.2.2 Aufgabe der Praxis ohne Nachfolger

Bleibt die Suche nach einem Praxisnachfolger erfolglos und die Praxis wird **459** geschlossen, so spricht man im Steuerrecht von einer Praxisaufgabe.

Bei einer Aufgabe der Praxis werden die Praxisgegenstände entweder einzeln **460** verkauft oder in das Privatvermögen übernommen.

Sofern der Psychotherapeut auch umsatzsteuerpflichtige Umsätze erzielt hat, ist **461** darauf zu achten, dass die Veräußerung der Praxisgegenstände ggf. umsatzsteuerpflichtig ist (vgl. Kapitel 4.6.3 Veräußerung von Praxisgegenständen).

Der bei einer Praxisaufgabe entstehende Veräußerungsgewinn ist ebenfalls steuer- **462** lich begünstigt (vgl. Kapitel 6.3 und 6.4), wenn die Praxisaufgabe innerhalb eines kurzen Zeitraums durchgeführt wird und der bisherige Praxisinhaber die Voraussetzungen für die Begünstigungen erfüllt.

70 Broschüre: Empfehlung zur Wertbestimmung einer psychotherapeutischen Praxis Stand: 07.09.2011.

6.2.3 Entgeltliche Veräußerung

463 Von einem Verkauf der psychotherapeutischen Praxis kann immer dann gesprochen werden, wenn die Praxis im Ganzen übergeben wird. Dies ist der Fall, wenn sämtliche wesentlichen Betriebsgrundlagen im Veräußerungsfall mit übergeben werden.

464 Es stellt sich somit die Frage, was zu den wesentlichen Betriebsgrundlagen gehört. Nach der Auffassung des Bundesfinanzhofs zählen dazu alle funktionalen und quantitativen Wirtschaftsgüter der Praxis. **Funktional** wesentliche Betriebsgrundlagen sind die dem eigentlichen Praxisbetrieb dienenden Wirtschaftsgüter, ohne dass es auf die Höhe der stillen Reserven ankommt.

465 Dazu gehören z. B. die Praxiseinrichtung sowie ggf. vorhandene Praxisgeräte. Einer der wesentlichsten Werte ist der Patientenstamm, der bei einem Veräußerungsvorgang übertragen wird und dessen stille Reserven in der Folge der Veräußerung aufgedeckt werden müssen.

466 **Quantitative** wesentliche Wirtschaftsgüter sind Wirtschaftsgüter, in denen erhebliche stille Reserven vorhanden sind und die für die Praxis genutzt worden sind. Dies sind insbesondere der eigenen Pkw oder die eigene Praxisimmobilie.

467 Alle wesentlichen Betriebsgrundlagen müssen aufgrund eines einheitlichen Beschlusses und zeitlich zusammenhängend zum Beschluss veräußert werden oder aber in das Privatvermögen übergehen.

468 Wird die ganze Praxis im Rahmen einer Geschäftsveräußerung an einen anderen Unternehmer veräußert, so gilt dies umsatzsteuerlich als Geschäftsveräußerung im Ganzen, wenn die wesentlichen Grundlagen des Unternehmens an einen anderen Unternehmer übertragen werden (Abschnitt 1.5 UStAE). Geschäftsveräußerungen im Ganzen unterliegen nicht der Umsatzsteuer (§ 1 Abs. 1a UStG).

6.3 Veräußerungsgewinn

469 Der Veräußerungsgewinn ist von dem bis zum Zeitpunkt der Veräußerung erzielten laufenden Gewinn aus der psychotherapeutischen Praxis getrennt zu erfassen.

470 Als laufender Gewinn zählen alle Einnahmen und Ausgaben, die im Zusammenhang mit dem aktuellen Praxisbetrieb stehen. Dazu zählt auch der sogenannte Übergangsgewinn. Der Psychotherapeut, der seinen Gewinn bisher nach der Einnahmen-Überschuss-Rechnung ermittelt hat, hat im Zeitpunkt der Veräußerung oder Praxisaufgabe eine Bilanz zu erstellen. Da hierfür die bisher nicht erfassten Forderungen aus noch nicht zugeflossenen Honoraren und die Verbindlichkeiten aus noch nicht bezahlten Eingangsrechnungen zu berücksichtigen sind, ergibt sich ein Übergangsergebnis.

471 Der Veräußerungsgewinn ist unter bestimmten Voraussetzungen steuerlich begünstigt.

6.3.1 Definition des Veräußerungsgewinns

Der zu versteuernde Veräußerungsgewinn ist zu ermitteln als Differenz zwischen dem Veräußerungspreis – bei Aufgabe der erzielbare Veräußerungspreis des Praxisvermögens –, vermindert um die Veräußerungskosten (z. B. Rechtsanwalts- oder Steuerberatungskosten, Kosten für ein Praxiswertgutachten) und dem Buchwert des Betriebsvermögens im Zeitpunkt der Veräußerung. Werden bei der Veräußerung der Praxis einzelne Wirtschaftsgüter in das Privatvermögen übernommen, so werden diese bei der Ermittlung des Veräußerungsgewinns mit dem gemeinen Wert berücksichtigt. 472

Der gemeine Wert ist der marktübliche Verkaufspreis eines Wirtschaftsguts zum Zeitpunkt der Übergabe (§ 9 Abs. 2 BewG). 473

Sollten die Veräußerungserlöse nicht die zum Zeitpunkt der Aufgabe bestehenden Buchwerte erreichen, so entsteht ein Veräußerungsverlust, der gewinnmindernd berücksichtigt werden darf. 474

6.3.2 Besteuerung des Veräußerungsgewinns

Bei der Veräußerung einer psychotherapeutischen Praxis bzw. bei der Aufgabe dieser Praxis kann der Veräußerer steuerliche Vorteile durch die Gewährung des Freibetrages nach § 18 Abs. 3 i. V. m. § 16 Abs. 4 EStG sowie des ermäßigten Steuersatzes nach § 34 EStG in Anspruch nehmen. Die Begünstigung gilt jedoch nur für den zu besteuernden Veräußerungsgewinn und nur unter bestimmten Voraussetzungen. 475

Übt ein Psychotherapeut mehrere selbstständige Tätigkeiten aus, bzw. ist er an mehreren Praxen beteiligt, so hat er zu beachten, dass er die Steuerbegünstigung nach den §§ 16, 34 EStG (Veräußerungsfreibetrag, begünstigter Steuersatz) nur einmal in Anspruch nehmen kann. Dies gilt in gleicher Weise für seine Einzelpraxis oder für die Veräußerung seines Anteils an einer Berufsausübungsgemeinschaft/Partnerschaftsgesellschaft. 476

Der Veräußerungsfreibetrag (siehe auch TZ 489 ff.) und der begünstigte Steuersatz müssen jedoch nicht für die gleiche Veräußerung in Anspruch genommen werden. 477

Beispiel
Der Psychotherapeut ist an der Berufsausübungsgemeinschaft A (Wert der Beteiligung 25.000 EUR) und an der Berufsausübungsgemeinschaft B (Wert der Beteiligung 200.000 EUR) beteiligt.
Sofern die Voraussetzungen (s. TZ 480) vorliegen, kann er den Freibetrag nach § 16 EStG bei der Veräußerung der Beteiligung A geltend machen, sodass der gesamte Veräußerungsgewinn aus dieser Beteiligung (A) steuerfrei ist.
Bei der Veräußerung der Anteile an der Berufsausübungsgemeinschaft B kann er dann den begünstigten Steuersatz nach § 34 Abs. 3 EStG wählen, sodass der Veräußerungsgewinn aus der Beteiligung an B nur zu 56 % steuerpflichtig ist.

478 Der Kaufpreis kann auch als Leibrente oder als Zeitrente von mehr als zehn Jahren Laufzeit gezahlt werden. Der Abgeber kann in diesen Fällen wählen, ob er den Kapitalwert der Rentenzahlungen (d. h. die auf den Veräußerungszeitpunkt abgezinsten Zahlungen) im Veräußerungsjahr im Rahmen der Freibetragsregelung und der Tarifbegünstigung versteuern oder ob er die laufenden Zahlungen als nachträgliche Einkünfte aus selbstständiger Arbeit versteuern möchte.

479 Für die Begünstigung des Veräußerungsgewinns gelten besondere Bedingungen.

6.3.2.1 Voraussetzungen für ermäßigte Besteuerung des Veräußerungsgewinns

480 Um die Begünstigung in Anspruch nehmen zu können, muss der Veräußerer folgende Voraussetzungen erfüllen:

- Er muss im Zeitpunkt der Veräußerung das 55. Lebensjahr vollendet haben oder im sozialversicherungsrechtlichen Sinne dauernd berufsunfähig sein.
- Die Begünstigung darf von dem Steuerpflichtigen nicht bereits an anderer Stelle in Anspruch genommen worden sein, da sie jedem Steuerpflichtigen nur einmal im Leben zusteht.
- Der Freibetrag und die ermäßigte Besteuerung werden nur auf Antrag beim Finanzamt gewährt.
- Der Psychotherapeut muss seine freiberufliche Tätigkeit in dem bisherigen örtlichen Wirkungskreis für eine gewisse Zeit[71] einstellen.
- Es müssen alle wesentlichen Grundlagen der Praxis (Patientenstamm und Praxiswert, Praxiseinrichtung, evtl. auch ein im Eigentum stehendes Praxisgebäude) veräußert oder in das Privatvermögen übernommen werden.

481 Für die Begünstigungen der Besteuerung des Veräußerungsgewinns bei einer Praxisübertragung muss der Psychotherapeut seine freiberufliche Tätigkeit in dem bisherigen örtlichen Wirkungskreis wenigstens für eine gewisse Zeit einstellen.[72] Im Schrifttum wird ein Zeitraum von drei Jahren als ausreichende Wartezeit angesehen. Danach kann der Psychotherapeut wieder tätig werden. Begründet wird dies damit, dass die Steuerbegünstigung nur dann zu gewähren ist, wenn die Einkunftsquelle übergeht. Dies trifft nach Meinung der Finanzverwaltung dann nicht zu, wenn der bisherige Praxisinhaber weiterhin zeitnah in dem Wirkungskreis tätig wird und die Einstellung der Tätigkeit nach außen hin nicht in Erscheinung tritt.

Beispiel
Ein Psychotherapeut verkauft seine kassenärztliche Praxis und betreut weiterhin seine Privatpatienten und ist zusätzlich als Gutachter tätig.

71 BFH vom 23.01.1997, BStBl 1997 II, S. 498.
72 BFH vom 14.03.1975, BStBl 1975 II, S. 661.

In diesem Fall wird die Begünstigung der Praxisveräußerung durch die §§ 16, 34 EStG nicht gewährt, da der Praxisinhaber nicht seine gesamte Praxis, sondern nur einen Teil aufgegeben und seine Tätigkeit im Übrigen fortführt. 482

Wird die freiberufliche Tätigkeit nach Veräußerung der Praxis fortgeführt, so unterstellt die Finanzverwaltung, dass der Praxiswert als wichtigste Betriebsgrundlage gerade nicht auf den Erwerber übertragen wurde, weil nahe liegt, dass Patienten den Psychotherapeuten aufsuchen, der sie bislang auch betreut hat. 483

Sofern der Praxisabgeber noch als angestellter Psychotherapeut beim Praxiskäufer mitarbeitet, ist nicht eindeutig geklärt, nach welcher zeitlichen Dauer die Freiberuflichkeit im bisherigen Wirkungskreis wieder aufgenommen werden kann, ohne dass dies steuerschädlich ist. In diesen Fällen ist eine steuerunschädliche Wiederaufnahme nach dem Ablauf von drei Jahren wahrscheinlich nicht möglich. 484

Unschädlich für die steuerbegünstigte Veräußerung der Praxis sind im Übrigen die Fortführung der Tätigkeit im geringen Umfang (siehe hierzu Kapitel 6.4). 485

6.3.2.2 Freibetrag für den Veräußerungsgewinn

Nach § 16 Abs. 4 EStG besteht ein Freibetrag für Veräußerungsgewinne in Höhe von 45.000 EUR. Dieser Freibetrag verringert sich um den Betrag, um den der Veräußerungsgewinn 136.000 EUR übersteigt. Dabei handelt es sich um den sogenannten Ermäßigungsbetrag. Ein Freibetrag kann demnach nicht mehr ab einem Veräußerungsgewinn von 181.000 EUR gewährt werden. 486

Beispiel 487
Ein Veräußerer, der das 55. Lebensjahr vollendet hat, erzielt aus dem Verkauf seiner psychotherapeutischen Praxis einen Veräußerungsgewinn von 150.000 EUR.

Tab. 7: Ermittlung des Freibetrags bei Veräußerung

Veräußerungsgewinn	150.000 EUR
Betrag nach § 16 Abs. 4 EStG	./. 136.000 EUR
Ermäßigungsbetrag	14.000 EUR
Freibetrag	45.000 EUR
Ermäßigungsbetrag	./. 14.000 EUR
Verbleibender Freibetrag	31.000 EUR

Da der Veräußerungsgewinn von 150.000 EUR um 14.000 EUR den Betrag nach § 16 Abs. 4 EStG (136.000 EUR) überschreitet, kommt es zu einer Ermäßigung des Freibetrages in gleicher Höhe. Nach Abzug des geminderten Freibetrages verbleibt ein steuerpflichtiger Veräußerungsgewinn in Höhe von 119.000 EUR (150.000 EUR abzgl. 31.000 EUR). 488

6.3.2.3 Begünstigter Steuersatz für den Veräußerungsgewinn

489 Der Teil des Veräußerungsgewinns, der den Freibetrag nach § 16 Abs. 4 EStG übersteigt, ist zwingend der Einkommensteuer zu unterwerfen. Veräußerungsgewinne werden als sogenannte außerordentliche Einkünfte begünstigt besteuert. Die Besteuerung erfolgt nach der sog. Fünftel-Regelung (§ 34 Abs. 1 EStG) oder mit einem ermäßigten Steuersatz (§ 34 Abs. 3 EStG).

490 Die **Ermäßigung des Steuersatzes** nach § 34 Abs. 3 EStG wird nur auf Antrag und unter den gleichen Bedingungen wie die Gewährung des Freibetrages gewährt. Ermäßigung bedeutet, dass ein Veräußerungsgewinn mit 56 % des Durchschnittsteuersatzes aller Einkünfte des Veräußerers in dem Jahr besteuert wird, in dem die Veräußerung durchgeführt wird. Die Ermäßigung wird auf einen Mindeststeuersatz von 14 % begrenzt. Veräußerungsgewinne sind nur bis zu einem Maximalbetrag von 5.000.000 EUR begünstigt.

Beispiel
Ein 58-jähriger verheirateter Psychotherapeut, der im Veranlagungszeitraum 2024 laufende Einkünfte von 50.000 EUR und einen Veräußerungsgewinn von 150.000 EUR erzielt hat, beantragt die Ermäßigung nach § 34 Abs. 3 EStG.

Tab. 8: Ermäßigter Steuersatz: Ermittlung der zu versteuernden Einkünfte:

Veräußerungsgewinn	150.000 EUR
Verbleibender Freibetrag	./. 31.000 EUR
Zu versteuernde außerordentliche Einkünfte	119.000 EUR
Zzgl. Laufende Einkünfte	+ 50.000 EUR
Zu versteuernde Einkünfte	169.000 EUR

491 Der durchschnittliche Steuersatz bei 169.000 EUR beträgt 29,45 %. 56 % des Durchschnittssteuersatzes sind demnach 16,49 %. Der Mindestbetrag von 14 % wird überschritten.

Tab. 9: Ermäßigter Steuersatz: Vergleich der Steuerlast

Ermittlung der Steuerschuld	
Zu versteuerndes Einkommen	169.000 EUR
Steuer bei Regelbesteuerung (ESt/Soli)	51.382 EUR
Steuer (ESt/Soli) bei Antrag auf Ermäßigung für den Veräußerungsgewinn (§ 34 Abs. 3 EStG)	25.740 EUR

492 Der Antrag auf den Freibetrag nach § 16 EStG muss nicht zwingend mit dem Antrag auf die ermäßigte Besteuerung nach § 34 Abs. 3 EStG gestellt werden. Da beide Begünstigungen nur einmal im Leben beantragt werden können, ist vor Antragsstellung im Einzelfall zu prüfen, welcher Antrag sinnvoll ist.

493 Kann kein Antrag auf den ermäßigten Steuersatz nach § 34 Abs. 3 EStG gestellt werden, so besteht die Möglichkeit, alternativ eine Begünstigung nach der sogenannten Fünftel-Regelung zu beantragen (§ 34 Abs. 1 EStG).

Bei der **Fünftel-Regelung** kommt es zu einer Progressionsabschwächung, indem die Veräußerungsgewinne durch ein rechnerisches Verfahren auf fünf Jahre verteilt werden, obwohl im Jahr des Zuflusses die Steuer auf die vollständigen außerordentlichen Einkünfte zu entrichten ist. Dies erfolgt in drei Schritten: **494**

1. Die Berechnung der Einkommensteuer für das Einkommen ohne die außerordentlichen Einkünfte.
2. Die Berechnung der Einkommensteuer für das Einkommen ohne außerordentliche Einkünfte zzgl. ein Fünftel der außerordentlichen Einkünfte.
3. Der Unterschiedsbetrag aus den Ergebnissen aus 1. und 2. wird mit dem Multiplikator 5 erfasst. Der sich daraus ergebende Betrag wird der Steuer aus dem verbleibenden zu versteuernden Einkommen (Schritt 1) hinzugerechnet.

Die Fünftel-Regelung kann nur dann zu Steuerermäßigungen führen, wenn der Steuerpflichtige nicht mit seinen übrigen Einkünften bereits die höchste Progressionsstufe mit dem Spitzensteuersatz von derzeit 42 % (45 % ab 277.826 EUR) erreicht hat. **495**

Beispiel

Tab. 10: Wirkung verschiedener Besteuerung:

Veräußerungsgewinn	200.000 EUR
Laufende Einkünfte	50.000 EUR
Gesamt	250.000 EUR
Einkommensteuer (ESt/Soli) bei Regelbesteuerung	88.403 EUR
Einkommensteuer bei Fünftel-Regelung nach § 34 Abs. 1 EStG	70.763 EUR
Einkommensteuer (ESt/Soli) bei ermäßigtem Steuersatz nach § 34 Abs. 3 EStG	44.533 EUR

Im Ergebnis ist die Begünstigung nach dem ermäßigten Durchschnittssteuersatz der Fünftel-Regelung vorzuziehen. **496**

6.4 Mögliche weitere Tätigkeiten nach Praxisveräußerung

Oft möchte der abgebende Psychotherapeut auch nach der Abgabe seiner Praxis noch weiter tätig sein, sei es, um eine Behandlung abzuschließen oder weil er sich noch nicht ganz trennen kann. **497**

Wie bereits unter Kapitel 6.3.2.1 ausgeführt, muss der Praxisabgeber seine selbstständige Tätigkeit im bisherigen örtlichen Wirkungskreis für eine gewisse Zeit einstellen, wobei eine Tätigkeit im geringen Umfang unschädlich ist. **498**

Eine Tätigkeit im geringen Umfang liegt vor, wenn der bisherige Praxisinhaber zurückbehaltene Patientenbeziehungen weiterführt. Die Erlöse aus Praxisbeziehungen dürfen aber nicht mehr als 10 % der durchschnittlichen in den vergangenen drei Jahren vor der Praxisveräußerung erzielten gesamten Einnahmen ausmachen.[73] **499**

73 BFH vom 07.11.1991, BStBl 1992 II, S. 457, Haas 147 EStH 2004.

500 Nach neuster Auffassung der Finanzverwaltung ist auch die Behandlung von neuen Patienten nicht schädlich, solange die gesamten Umsätze nicht mehr als 10 % der durchschnittlichen in den vergangen drei Jahren vor der Praxisveräußerung erzielten Einnahmen ausmachen.[74]

501 Ein Weiterarbeiten nach der Praxisveräußerung ist für den abgebenden Psychotherapeuten auch dann möglich, wenn er eine freiberufliche Tätigkeit oder Angestelltentätigkeit für den Praxiserwerber aufnimmt.

74 BFH vom 11.02.2020, Az VIII B 131/19.

Anhang

1 Fragebogen zur steuerlichen Erfassung

An das Finanzamt | Eingangsstempel oder -datum

1

Fragebogen zur steuerlichen Erfassung

2 ☐ **Aufnahme einer gewerblichen, selbständigen (freiberuflichen) oder land- und forstwirtschaftlichen Tätigkeit**

3 ☐ **Beteiligung an einer Personengesellschaft/-gemeinschaft**
- Bitte beantworten Sie nur die Fragen zu Abschnitt 1, Abschnitt 2 - nur Textziffer 2.6, Abschnitt 3 und Abschnitt 8 -

2019FsEEU

1. Allgemeine Angaben

1.1 Steuerpflichtige(r)/Beteiligte(r)

4 Name | Vorname

5 ggf. Geburtsname

6 Ausgeübter Beruf | Geburtsdatum (TT.MM.JJJJ)

7 Straße

8 Hausnummer | Hausnummerzusatz | Adressergänzung

9 Postleitzahl | Wohnort

10 Postleitzahl | Ort (Postfach) | Postfach

11 Identifikationsnummer | **Religionsschlüssel:** Evangelisch = EV, Römisch-Katholisch = RK, nicht kirchensteuerpflichtig = VD, weitere siehe Ausfüllhilfe | Religion

Stand der Ehe/eingetragenen Lebenspartnerschaft (Datum = TT.MM.JJJJ)

12 Verheiratet/Eingetragen seit dem | Verwitwet seit dem | Geschieden/Aufgehoben seit dem | Dauernd getrennt lebend seit dem

1.2 Ehegatte/Ehegattin/eingetragene(r) Lebenspartner(in)

14 Name | Vorname

15 ggf. Geburtsname

16 Ausgeübter Beruf | Geburtsdatum (TT.MM.JJJJ)

Falls von den Zeilen 7 bis 9 abweichend:

17 Straße

18 Hausnummer | Hausnummerzusatz | Adressergänzung

19 Postleitzahl | Wohnort

20 Identifikationsnummer | **Religionsschlüssel:** Evangelisch = EV, Römisch-Katholisch = RK, nicht kirchensteuerpflichtig = VD, weitere siehe Ausfüllhilfe | Religion

1.3 Kommunikationsverbindungen

Telefon:

21 Vorwahl international | Vorwahl national | Rufnummer

22 Vorwahl international | Vorwahl national | Rufnummer

23 E-Mail

24 Internetadresse

1.4 Art der Tätigkeit (genaue Bezeichnung des Gewerbezweiges)

25

26

2019FsEEU011 - Mai 2019 - 2019FsEEU011

Name
lt. Zeile 4

1.5 Bankverbindung(en) für Steuererstattungen/**SEPA-Lastschriftverfahren**

Personensteuererstattungen
(z.B. Einkommensteuer) sollen an folgende Bankverbindung erfolgen:

27 IBAN (inländisches Geldinstitut)

28 IBAN (ausländisches Geldinstitut)

29 BIC zu Zeile 28

30 ☐ **Kontoinhaber(in)** lt. Zeile 4 ☐ lt. Zeile 14 oder: ggf. abweichende(r) Kontoinhaber(in)

Betriebssteuererstattungen
(z.B. Umsatz-, Lohnsteuer) sollen an folgende Bankverbindung erfolgen:

31 ☐ gleiche Bankverbindung wie bei Personensteuererstattungen (siehe Zeile 27 ff)

oder

32 IBAN (inländisches Geldinstitut)

33 IBAN (ausländisches Geldinstitut)

34 BIC zu Zeile 33

35 ☐ **Kontoinhaber(in)** lt. Zeile 4 ☐ lt. Zeile 14 oder: ggf. abweichende(r) Kontoinhaber(in)

Möchten Sie am **SEPA-Lastschriftverfahren**, dem für beide Seiten einfachsten Zahlungsweg, teilnehmen?

36 ☐ Ja. Das ausgefüllte SEPA-Lastschriftmandat ist beigefügt.

1.6 Steuerliche Beratung

37 Firma

oder

38 Name | Vorname

39 Straße

40 Hausnummer | Hausnummerzusatz | Adressergänzung

41 Postleitzahl | Ort

42 Postleitzahl | Ort (Postfach) | Postfach

Kommunikationsverbindungen
Telefon:

43 Vorwahl international | Vorwahl national | Rufnummer

44 E-Mail

45 ☐ Die gesonderte **Vollmacht** ist beigefügt.

46 ☐ Die Anzeige der **Vollmacht** erfolgt über die Vollmachtsdatenbank (§ 80a AO).

2019FsEEU012 2019FsEEU012

Name
lt. Zeile 4

1.7 Empfangsbevollmächtigte(r) für alle Steuerarten

49 ☐ Die unter Tz. 1.6 angegebene steuerliche Beratung ist empfangsbevollmächtigt.

oder
Firma
50

oder
Name | Vorname
51

Straße
52

Hausnummer | Hausnummerzusatz | Adressergänzung
53

Postleitzahl | Ort
54

Postleitzahl | Ort (Postfach) | Postfach
55

Kommunikationsverbindungen
Telefon:
Vorwahl international | Vorwahl national | Rufnummer
56

E-Mail
57

58 ☐ Die gesonderte **Empfangsvollmacht** ist beigefügt.

59 ☐ Die Anzeige der **Empfangsvollmacht** erfolgt über die Vollmachtsdatenbank (§ 80a AO).

1.8 Bisherige persönliche Verhältnisse

Zugezogen am (TT.MM.JJJJ)
60 Bisherige Adresse falls Sie innerhalb der letzten 12 Monate zugezogen sind:

Straße
61

Hausnummer | Hausnummerzusatz | Adressergänzung
62

Postleitzahl | Wohnort
63

Falls Sie in den letzten drei Jahren für Zwecke der Einkommensteuer steuerlich erfasst waren:

Finanzamt
64

Steuernummer
65

Ggf. hiervon abweichende Angaben Ihres Ehegatten/eingetragenen Lebenspartners bzw. Ihrer Ehegattin/eingetragener Lebenspartnerin:

Finanzamt
66

Steuernummer
67

2. Angaben zur gewerblichen, selbständigen (freiberuflichen) oder land- und forstwirtschaftlichen Tätigkeit

2.1 Anschrift des Unternehmens

Bezeichnung
68

Straße
69

Hausnummer | Hausnummerzusatz | Adressergänzung
70

Postleitzahl | Ort
71

Postleitzahl | Ort (Postfach) | Postfach
72

ggf. abweichender Ort der Geschäftsleitung
Straße
73

Hausnummer | Hausnummerzusatz | Adressergänzung
74

Postleitzahl | Ort
75

2019FsEEU013 **2019FsEEU013**

Name
lt. Zeile 4

Kommunikationsverbindungen
Telefon:
76 Vorwahl international | Vorwahl national | Rufnummer
77 E-Mail
78 Internetadresse

79 **2.2 Beginn der Tätigkeit** (inklusiveVorbereitungshandlungen) (TT.MM.JJJJ)

2.3 Betriebsstätten
Bei mehreren Betriebsstätten:
lfd. Nr.
80 0 0 1 Bezeichnung
81 Anschrift, Straße
82 Hausnummer | Hausnummerzusatz | Adressergänzung
83 Postleitzahl | Ort
Telefon:
84 Vorwahl international | Vorwahl national | Rufnummer
lfd. Nr.
85 0 0 2 Bezeichnung
86 Anschrift, Straße
87 Hausnummer | Hausnummerzusatz | Adressergänzung
88 Postleitzahl | Ort
Telefon:
89 Vorwahl international | Vorwahl national | Rufnummer
90 Bei mehr als zwei Betriebsstätten: ☐ Gesondertes Einlageblatt Betriebsstätten (FsEEBlBs) mit fortlaufender Nummerierung ist beigefügt.

2.4 Handelsregistereintragung
91 ☐ Ja, seit (TT.MM.JJJJ) ☐ Nein ☐ Eine Eintragung ist beabsichtigt.
92 ☐ Antrag beim Handelsregister gestellt
93 beim Amtsgericht am (TT.MM.JJJJ)
94 Ort
95 Registernummer

2.5 Gründungsform
96 ☐ 1 = Neugründung 2 = Verlegung zum (TT.MM.JJJJ)
3 = Übernahme (z. B. Kauf, Pacht, Vererbung, Schenkung)
4 = Verschmelzung zur Neugründung oder sonstiger Gründungsvorgang
(Bitte ggf. die entsprechenden Verträge beifügen!)
Vorheriges Unternehmen:
98 Firma
oder
99 Name | Vorname
100 Straße
101 Hausnummer | Hausnummerzusatz | Adressergänzung
102 Postleitzahl | Ort
103 Finanzamt | Steuernummer
104 ggf. Umsatzsteuer-Identifikationsnummer

2019FsEEU014 2019FsEEU014

Name
lt. Zeile 4

2.6 Bisherige betriebliche Verhältnisse

Ist in den letzten fünf Jahren schon ein Gewerbe, eine selbständige (freiberufliche) oder eine land- und forstwirtschaftliche Tätigkeit ausgeübt worden oder waren Sie an einer Personengesellschaft oder zu mindestens 1% an einer Kapitalgesellschaft beteiligt?

105 Nein Ja — Art der Tätigkeit/Beteiligung

106 Ort

107 Dauer vom (TT.MM.JJJJ) — bis (TT.MM.JJJJ)

108 Finanzamt — Steuernummer

109 ggf. Umsatzsteuer-Identifikationsnummer

3. Angaben zur Festsetzung der Vorauszahlungen (Einkommensteuer, Gewerbesteuer)

		im Jahr der Betriebseröffnung		im Folgejahr	
	3.1 Voraussichtliche Einkünfte aus	Steuerpflichtige(r) EUR	Ehegatte(in)/Lebenspartner(in) EUR	Steuerpflichtige(r) EUR	Ehegatte(in)/Lebenspartner(in) EUR
110	Land- und Forstwirtschaft				
111	Gewerbebetrieb				
112	Selbständiger Arbeit				
113	Nichtselbständiger Arbeit				
114	Kapitalvermögen				
115	Vermietung und Verpachtung				
116	Sonstigen Einkünften (z. B. Renten)				
	3.2 Voraussichtliche Höhe der				
117	Sonderausgaben				
118	Steuerabzugsbeträge				

4. Angaben zur Gewinnermittlung

119 Gewinnermittlungsart
1 = Einnahmenüberschussrechnung
2 = Betriebsvermögensvergleich
3 = Gewinnermittlung nach Durchschnittssätzen (nur bei Land- und Forstwirtschaft)
4 = Sonstige (z. B. § 5a EStG) *(Angaben bitte in Zusatzzeile vornehmen)*

Angaben zu Sonstige

Hinweis: *Die Eröffnungsbilanz ist gemäß § 5b Abs. 1 Satz 5 EStG nach amtlich vorgeschriebenen Datensatz durch Datenfernübertragung zu übermitteln.*

Liegt ein vom Kalenderjahr abweichendes Wirtschaftsjahr vor?

123 Nein Ja Beginn (TT.MM.JJJJ)

5. Freistellungsbescheinigung gemäß § 48b Einkommensteuergesetz (EStG) ("Bauabzugsteuer")

Das Merkblatt zum Steuerabzug bei Bauleistungen steht Ihnen im Internet unter www.bzst.de zum Download zur Verfügung. Sie können es aber auch bei Ihrem Finanzamt erhalten.

124 Ich beantrage die Erteilung einer Bescheinigung zur Freistellung vom Steuerabzug bei Bauleistungen gemäß § 48b EStG.

6. Angaben zur Anmeldung und Abführung der Lohnsteuer

125 Zahl der Arbeitnehmer (einschließlich Aushilfskräfte) Insgesamt — davon a) Familienangehörige
b) geringfügig Beschäftigte

126 Beginn der Lohnzahlungen (TT.MM.JJJJ)

127 Voraussichtliche Lohnsteuer im Kalenderjahr — EUR

Hinweis: *Die Höhe der Lohnsteuer bestimmt den Anmeldungszeitraum gem. § 41a EStG.*

2019FsEEU015 2019FsEEU015

Name
lt. Zeile 4

Die für die Lohnberechnung maßgebenden Lohnbestandteile werden zusammengefasst im Betrieb/Betriebsteil:

128 Bezeichnung

129 Straße

130 Hausnummer | Hausnummerzusatz | Adressergänzung

131 Postleitzahl | Ort

7. Angaben zur Anmeldung und Abführung der Umsatzsteuer

7.1 Summe der Umsätze (geschätzt) — im Jahr der Betriebseröffnung EUR — im Folgejahr EUR

132

7.2 Geschäftsveräußerung im Ganzen (§ 1 Abs. 1a Umsatzsteuergesetz (UStG))

Es wurde ein Unternehmen oder ein in der Gliederung eines Unternehmens gesondert geführter Betrieb erworben:

133 Nein Ja (siehe Eintragungen zu Tz. 2.5 Übernahme)

7.3 Kleinunternehmer-Regelung

134 Der auf das Kalenderjahr hochgerechnete Gesamtumsatz wird die Grenze des § 19 Abs. 1 UStG voraussichtlich nicht überschreiten. Es wird die Kleinunternehmer-Regelung in Anspruch genommen.
In Rechnungen wird keine Umsatzsteuer gesondert ausgewiesen und es kann kein Vorsteuerabzug geltend gemacht werden.
Hinweis: *Angaben zu Tz. 7.8 sind nicht erforderlich; Umsatzsteuer-Voranmeldungen sind grundsätzlich nicht zu übermitteln.*

135 Der auf das Kalenderjahr hochgerechnete Gesamtumsatz wird die Grenze des § 19 Abs. 1 UStG voraussichtlich nicht überschreiten. Es wird auf die Anwendung der Kleinunternehmer-Regelung verzichtet.
Die Besteuerung erfolgt nach den allgemeinen Vorschriften des Umsatzsteuergesetzes **für mindestens fünf Kalenderjahre** (§ 19 Abs. 2 UStG); Umsatzsteuer-Voranmeldungen sind monatlich in elektronischer Form authentifiziert zu übermitteln.

7.4 Organschaft (§ 2 Abs. 2 Nr. 2 UStG)

Ich bin Organträger folgender Organgesellschaft:

136 Firma

137 Straße

138 Hausnummer | Hausnummerzusatz | Adressergänzung

139 Postleitzahl | Ort

140 Postleitzahl | Ort (Postfach) | Postfach

141 Rechtsform

142 Beteiligungsverhältnis (Bruchteil) /

143 Finanzamt | Steuernummer

144 ggf. Umsatzsteuer-Identifikationsnummer

Hinweis: *Weitere organschaftliche Verbindungen bitte in einer Anlage (formlos) mitteilen.*

7.5 Steuerbefreiung

Es werden ganz oder teilweise steuerfreie Umsätze gem. § 4 UStG ausgeführt:

145 Nein Ja — Art des Umsatzes/der Tätigkeit — (§ 4 Nr. UStG)

7.6 Steuersatz

Es werden Umsätze ausgeführt, die ganz oder teilweise dem ermäßigten Steuersatz gem. § 12 Abs. 2 UStG unterliegen:

146 Nein Ja — Art des Umsatzes/der Tätigkeit — (§ 12 Abs. 2 Nr. UStG)

7.7 Durchschnittssatzbesteuerung

Es werden ganz oder teilweise Umsätze ausgeführt, die der Durchschnittssatzbesteuerung gem. § 24 UStG unterliegen:

147 Nein Ja — Art des Umsatzes/der Tätigkeit — (§ 24 Abs. 1 Nr. UStG)

2019FsEEU016 2019FsEEU016

Name
lt. Zeile 4

7.8 Soll-/Istversteuerung der Entgelte

148 Ich berechne die Umsatzsteuer nach ☐ vereinbarten Entgelten **(Sollversteuerung)**.

oder

149 ☐ vereinnahmten Entgelten. Ich beantrage hiermit die **Istversteuerung**, weil

150 ☐ der auf das Kalenderjahr hochgerechnete Gesamtumsatz für das Gründungsjahr voraussichtlich nicht mehr als 500.000 EUR betragen wird.

151 ☐ ich von der Verpflichtung, Bücher zu führen und auf Grund jährlicher Bestandsaufnahmen regelmäßig Abschlüsse zu machen, nach § 148 Abgabenordnung (AO) befreit bin.

152 ☐ ich Umsätze ausführe, für die ich als Angehöriger eines freien Berufs im Sinne von § 18 Abs. 1 Nr. 1 des Einkommensteuergesetzes weder buchführungspfichtig bin noch freiwillig Bücher führe.

7.9 Umsatzsteuer-Identifikationsnummer

153 ☐ Ich **benötige** für die Teilnahme am innergemeinschaftlichen Waren- und Dienstleistungsverkehr eine Umsatzsteuer-Identifikationsnummer (USt-IdNr.).

Hinweis: *Bei Vorliegen einer Organschaft ist die USt-IdNr. der Organgesellschaft vom Organträger zu beantragen.*

154 ☐ Ich **habe bereits** für eine frühere Tätigkeit folgende USt-IdNr. erhalten:

155 USt-IdNr. Vergabedatum: (TT.MM.JJJJ)

7.10 Steuerschuldnerschaft des Leistungsempfängers bei Bau- und/oder Gebäudereinigungsleistungen

156 ☐ Es wird die Erteilung eines Nachweises zur Steuerschuldnerschaft des Leistungsempfängers bei Bau- und/oder Gebäudereinigungsleistungen (Vordruck USt 1 TG) beantragt.

157 ☐ Der Umfang der ausgeführten **Bauleistungen** i. S. des § 13b Abs. 2 Nr. 4 UStG beträgt voraussichtlich mehr als 10% des Weltumsatzes (Summe der im Inland steuerbaren und nicht steuerbaren Umsätze).

158 ☐ Der Umfang der ausgeführten **Gebäudereinigungsleistungen** i. S. des § 13b Abs. 2 Nr. 8 UStG beträgt voraussichtlich mehr als 10% des Weltumsatzes (Summe der im Inland steuerbaren und nicht steuerbaren Umsätze).

Hinweis: *Die Voraussetzungen zur Erteilung der Bescheinigung sind in geeigneter Weise in einer Anlage glaubhaft zu machen.*

7.11 Besonderes Besteuerungsverfahren „Mini-one-stop-shop"

7.11.1 Für im Inland ansässige Unternehmer:

Nur bei Ausführung von Telekommunikationsdienstleistungen, Rundfunk- und Fernsehdienstleistungen oder auf elektronischem Weg erbrachten sonstigen Leistungen an Nichtunternehmer, die in einem anderen EU-Mitgliedstaat ansässig sind:

159 ☐ Ich werde das besondere Besteuerungsverfahren („Mini-one-stop-shop") in Anspruch nehmen (§ 18h UStG). Die entsprechenden Umsätze werde ich beim Bundeszentralamt für Steuern (BZSt) erklären.

Hinweis: *Die Teilnahme am besonderen Besteuerungsverfahren muss gesondert beim BZSt angezeigt werden. Die vorstehenden Angaben ersetzen deshalb nicht diese Anzeigeverpflichtung.*

160 ☐ Ich habe keine Niederlassung in einem anderen EU-Mitgliedstaat und der Gesamtbetrag – ohne Umsatzsteuer – der oben bezeichneten Umsätze an in anderen EU-Mitgliedstaaten ansässige Nichtunternehmer überschreitet im laufenden Kalenderjahr nicht 10.000 € und hat dies auch im vorangegangenen Kalenderjahr nicht getan.

161 ☐ Die entsprechenden Umsätze werde ich im Inland (§ 3a Abs. 5 Satz 3 UStG) versteuern.

162 ☐ Auf die Möglichkeit der Versteuerung der entsprechenden Umsätze im Inland verzichte ich für mindestens zwei Kalenderjahre (§ 3a Abs. 5 Sätze 4 und 5 UStG).

163 ☐ Ich werde das besondere Besteuerungsverfahren („Mini-one-stop-shop") in Anspruch nehmen (§ 18h UStG). Die entsprechenden Umsätze werde ich beim BZSt erklären.

164 ☐ Die entsprechenden Umsätze werde ich direkt in den anderen EU-Mitgliedstaaten erklären.

7.11.2 Für in einem anderen EU-Mitgliedsstaat ansässige Unternehmer:

Nur bei Ausführung von Telekommunikationsdienstleistungen, Rundfunk- und Fernsehdienstleistungen oder auf elektronischem Weg erbrachten sonstigen Leistungen an einen in Deutschland ansässigen Nichtunternehmer:

165 ☐ Ich werde das besondere Besteuerungsverfahren („Mini-one-stop-shop") in Anspruch nehmen (§ 18 Abs. 4e UStG). Die entsprechenden Umsätze werde ich über die zuständige Behörde im Ansässigkeitsstaat erklären.

166 ☐ Ich bin in nur einem EU-Mitgliedsstaat ansässig und der Gesamtbetrag – ohne Umsatzsteuer – der oben bezeichneten Umsätze an in anderen EU-Mitgliedstaaten außerhalb des Ansässigkeitsstaats ansässige Nichtunternehmer berschreitet im laufenden Kalenderjahr nicht 10.000 € und hat dies auch im vorangegangenen Kalenderjahr nicht getan.

167 ☐ Die entsprechenden Umsätze werde ich im Ansässigkeitsstaat versteuern.

168 ☐ Auf die Möglichkeit der Versteuerung der entsprechenden Umsätze im Ansässigkeitsstaat verzichte ich für mindestens zwei Kalenderjahre.

169 ☐ Ich werde das besondere Besteuerungsverfahren („Mini-one-stop-shop") in Anspruch nehmen (§ 18 Abs. 4e UStG). Die entsprechenden Umsätze werde ich über die zuständige Behörde im Ansässigkeitsstaat erklären.

170 ☐ Die entsprechenden Umsätze werde ich direkt in Deutschland erklären.

2019FsEEU017 **2019FsEEU017**

Name
lt. Zeile 4

7.12 Umsätze im Bereich des Handels mit Waren über das Internet

Angaben zum Vertriebsweg:

171 ☐ Ich verkaufe über einen eigenen Webshop.

Web-Adresse (URL)

172

173 ☐ Ich werde über einen/mehrere elektronische(n) Marktplatz/Marktplätze i. S. d. § 25e Abs. 5 UStG handeln. Zu diesem Zweck beantrage ich eine **Bescheinigung über die Erfassung als Steuerpflichtiger (Unternehmer) i. S. d. § 22f Abs. 1 Satz 2 UStG** zur Vorlage bei dem/den Betreiber(n) des/der elektronischen Marktplatzes/Marktplätze i. S. d. § 25e Abs. 6 UStG.

	lfd. Nr.	Name des elektronischen Marktplatzes	Identifikationsmerkmal (z. B. Accountname)
174	1		
175	2		
176	3		
177	4		
178	5		

Bei Aktivitäten auf mehr als fünf elektronischen Marktplätzen:

179 ☐ Gesonderte Aufstellung ist beigefügt.

8. Angaben zur Beteiligung an einer Personengesellschaft/-gemeinschaft

Bezeichnung der Gesellschaft/Gemeinschaft

180

Straße

181

Hausnummer | Hausnummerzusatz | Adressergänzung

182

Postleitzahl | Ort

183

Postleitzahl | Ort (Postfach) | Postfach

184

Finanzamt | Steuernummer

185

(Fügen Sie bitte eine Kopie des Gesellschaftsvertrags bei!)

186 Anlagen: ☐ Teilnahmeerklärung für das SEPA-Lastschriftverfahren (Tz. 1.5) ☐ Verträge bei Übernahme bzw. Umwandlung (Tz. 2.5)

187 ☐ Vollmacht (Tz. 1.6) ☐ Weitere organschaftliche Verbindungen (Tz. 7.4)

188 ☐ Empfangsvollmacht (Tz. 1.7) ☐ Übersicht weitere Marktplätze (Tz. 7.12)

189 ☐ Einlageblatt Betriebsstätten (FsEEBlBs) (Tz. 2.3) ☐ Gesellschaftsvertrag (Tz. 8)

190 ☐

Hinweis: *Die mit diesem Fragebogen angeforderten Daten werden aufgrund der §§ 85, 88, 90, 93 und 97 AO erhoben.*

Datenschutzhinweis:

Informationen über die Verarbeitung personenbezogener Daten in der Steuerverwaltung und über Ihre Rechte nach der Datenschutz-Grundverordnung sowie über Ihre Ansprechpartner in Datenschutzfragen entnehmen Sie bitte dem allgemeinen Informationsschreiben der Finanzverwaltung. Dieses Informationsschreiben finden Sie unter www.finanzamt.de (unter der Rubrik „Datenschutz") oder erhalten Sie bei Ihrem Finanzamt.

191

Ort, Datum

Unterschrift des/der Steuerpflichtigen und ggf. des Ehegatten/der Ehegattin bzw. des/der eingetragenen Lebenspartners/Lebenspartnerin bzw. des/der Vertreter(s)/Vertreterin(nen) oder Bevollmächtigten

2019FsEEU018 **2019FsEEU018**

2 Anlage EÜR (Überschussrechnung)

2023

Anlage EÜR

Bitte für jeden Betrieb eine gesonderte Anlage EÜR übermitteln!

Zeile		Kz.	
1	Name des Steuerpflichtigen bzw. der Gesellschaft/Gemeinschaft/Körperschaft		
2	Vorname		
3	**(Betriebs-)Steuernummer**		
	Einnahmenüberschussrechnung nach § 4 Abs. 3 EStG		
	Kalenderjahr 2023		15
4	davon abweichender Beginn	131	T T M M 2023
	davon abweichendes Ende	132	T T M M J J J J
5	Art des Betriebs	100	
6	Rechtsform des Betriebs		
7	Einkunftsart	103	1 = Land- und Forstwirtschaft 2 = Gewerbebetrieb 3 = Selbständige Arbeit
8	Betriebsinhaber	104	1 = Steuerpflichtige Person/Ehemann/Person A (Ehegatte A/Lebenspartner[in] A)/Gesellschaft/Körperschaft 2 = Ehefrau/Person B (Ehegatte B/Lebenspartner[in] B) 3 = Beide Ehegatten/Lebenspartner[innen]
9	Wurde im Kalenderjahr/Wirtschaftsjahr der Betrieb beendet?	111	1 = Veräußert oder Aufgabe (Bitte Zeile 102 beachten) 2 = Unentgeltliche Übertragung
10	Wurden im Kalenderjahr/Wirtschaftsjahr Grundstücke/grundstücksgleiche Rechte entnommen oder veräußert?	120	1 = Ja 2 = Nein
	1. Betriebseinnahmen (einschl. steuerfreier Betriebseinnahmen)		20
			EUR , Ct
11	Betriebseinnahmen als umsatzsteuerlicher **Kleinunternehmer** (nach § 19 Abs. 1 UStG)	111	,
12	davon nicht steuerbare Umsätze sowie Umsätze nach § 19 Abs. 3 Satz 1 Nr. 1 und 2 UStG	119	, *(weiter ab Zeile 17)*
13	Betriebseinnahmen als **Land- und Forstwirt**, soweit die Durchschnittssatzbesteuerung nach § 24 UStG angewandt wird	104	,
14	Umsatzsteuerpflichtige Betriebseinnahmen (ohne solche zum ermäßigten Steuersatz von 0 %)	112	,
15	Betriebseinnahmen, die umsatzsteuerfrei oder nicht umsatzsteuerbar sind oder nach § 12 Abs. 3 UStG dem ermäßigten Steuersatz von 0 % unterliegen oder für die der Leistungsempfänger die Umsatzsteuer nach § 13b UStG schuldet	103	,
16	Vereinnahmte Umsatzsteuer sowie Umsatzsteuer auf unentgeltliche Wertabgaben	140	,
17	Vom Finanzamt erstattete und ggf. verrechnete Umsatzsteuer (Die Regelung zum 10-Tageszeitraum - § 11 Abs. 1 Satz 2 EStG - ist zu beachten.)	141	,
18	Veräußerung oder Entnahme von Anlagevermögen	102	,
19	Private Kfz-Nutzung	106	,
20	Sonstige Sach-, Nutzungs- und Leistungsentnahmen	108	,
21	Auflösung von Rücklagen und Ausgleichsposten (Übertrag aus Zeile 105)		,
22	**Summe Betriebseinnahmen** (Übertrag in Zeile 73)	159 =	,
	2. Betriebsausgaben (einschl. auf steuerfreie Betriebseinnahmen entfallende Betriebsausgaben)		25
			EUR , Ct
23	Betriebsausgabenpauschale für **bestimmte Berufsgruppen**	195	,
24	Sachlicher Bebauungskostenrichtbetrag und Ausbaukostenrichtbeträge für **Weinbaubetriebe** (Übertrag aus Zeile 12 der Anlage LuF)		,
25	Betriebsausgabenpauschale für **Forstwirte** (Übertrag aus Zeile 16 der Anlage LuF)		,
26	Waren, Rohstoffe und Hilfsstoffe einschl. der Nebenkosten	100	,
27	Bezogene Fremdleistungen	110	,
28	Ausgaben für eigenes Personal (z. B. Gehälter, Löhne und Versicherungsbeiträge)	120	,
29	**Übertrag (Summe Zeilen 23 bis 28)**		,

2023AnlEÜR801 - August 2023 - **2023AnlEÜR801**

(Betriebs-)Steuernummer

- 2 -

Zeile		Kz.	EUR
29	**Übertrag (Summe Zeilen 23 bis 28)**		,
	Absetzung für Abnutzung (AfA)		
30	AfA auf unbewegliche Wirtschaftsgüter (Übertrag aus Zeile 21 der Anlage AVEÜR)	136	,
31	AfA auf immaterielle Wirtschaftsgüter (Übertrag aus Zeile 36 der Anlage AVEÜR)	131	,
32	AfA auf bewegliche Wirtschaftsgüter (Übertrag aus Zeile 61 der Anlage AVEÜR)	130	,
33	Sonderabschreibungen nach § 7b EStG und § 7g Abs. 5 und 6 EStG (Übertrag der Summe der Zeilen 11 und 60 der Anlage AVEÜR)	134	,
34	Herabsetzungsbeträge nach § 7g Abs. 2 Satz 3 EStG (Erläuterungen auf gesondertem Blatt)	138	,
35	Aufwendungen für geringwertige Wirtschaftsgüter nach § 6 Abs. 2 EStG	132	,
36	Auflösung Sammelposten nach § 6 Abs. 2a EStG (Übertrag aus Zeile 80 der Anlage AVEÜR)	137	,
37	Restbuchwert der ausgeschiedenen Anlagegüter (Übertrag der Summe der Beträge aus Zeilen 6, 13, 19, 25, 31, 37, 44, 51, 58, 84, 89 der Anlage AVEÜR)	135	,
	Raumkosten und sonstige Grundstücksaufwendungen (ohne häusliches Arbeitszimmer)		
38	Miete/Pacht für Geschäftsräume und betrieblich genutzte Grundstücke	150	,
39	Aufwendungen für doppelte Haushaltsführung (z. B. Miete)	152	,
40	Sonstige Aufwendungen für betrieblich genutzte Grundstücke (ohne Schuldzinsen und AfA)	151	,
	Sonstige unbeschränkt abziehbare Betriebsausgaben		
41	Aufwendungen für Telekommunikation (z. B. Telefon, Internet)	280	,
42	Übernachtungs- und Reisenebenkosten bei Geschäftsreisen des Steuerpflichtigen	221	,
43	Fortbildungskosten (ohne Reisekosten)	281	,
44	Kosten für Rechts- und Steuerberatung, Buchführung	194	,
45	Miete/Leasing für bewegliche Wirtschaftsgüter (ohne Kraftfahrzeuge)	222	,
46	Erhaltungsaufwendungen (z. B. Instandhaltung, Wartung, Reparatur; ohne solche für Gebäude und Kraftfahrzeuge)	225	,
47	Beiträge, Gebühren, Abgaben und Versicherungen (ohne solche für Gebäude und Kraftfahrzeuge)	223	,
48	Laufende EDV-Kosten (z. B. Beratung, Wartung, Reparatur)	228	,
49	Arbeitsmittel (z. B. Bürobedarf, Porto, Fachliteratur)	229	,
50	Kosten für Abfallbeseitigung und Entsorgung	226	,
51	Kosten für Verpackung und Transport	227	,
52	Werbekosten (z. B. Inserate, Werbespots, Plakate)	224	,
53	Schuldzinsen zur Finanzierung von Anschaffungs- und Herstellungskosten von Wirtschaftsgütern des Anlagevermögens (ohne häusliches Arbeitszimmer)	232	,
54	Übrige Schuldzinsen	234	,
55	Gezahlte Vorsteuerbeträge	185	,
56	An das Finanzamt gezahlte und ggf. verrechnete Umsatzsteuer (Die Regelung zum 10-Tageszeitraum - § 11 Abs. 2 Satz 2 EStG - ist zu beachten.)	186	,
57	Rücklagen, stille Reserven und/oder Ausgleichsposten (Übertrag aus Zeile 102)		,
58	Übrige unbeschränkt abziehbare Betriebsausgaben (auch zurückgezahlte Hilfen/Zuschüsse aufgrund der Corona-Pandemie)	183	,
59	**Übertrag (Summe Zeilen 23 bis 28 und Zeilen 30 bis 58)**		,

2023AnlEÜR802 **2023AnlEÜR802**

3 Anlage Anlageverzeichnis

2023

Name des Steuerpflichtigen bzw. der Gesellschaft/Gemeinschaft/Körperschaft

1

2 (Betriebs-)Steuernummer

Anlage AVEÜR

Anlageverzeichnis/Ausweis des Umlaufvermögens zur Anlage EÜR

Grundstücke und grundstücksgleiche Rechte 40

Zeile		Kz.	EUR	Ct
	Grund und Boden			
3	Summe Anschaffungs-/Herstellungskosten/Einlagewerte	100		,
4	Summe Buchwerte zu Beginn des Gewinnermittlungszeitraums	101		,
5	Summe Zugänge	102 +		,
6	Summe Abgänge (zu erfassen in Zeile 37 der Anlage EÜR)	105 −		,
7	Summe Buchwerte am Ende des Gewinnermittlungszeitraums	106 =		,
	Gebäude			
8	Summe Anschaffungs-/Herstellungskosten/Einlagewerte	110		,
9	Summe Buchwerte zu Beginn des Gewinnermittlungszeitraums	111		,
10	Summe Zugänge	112 +		,
11	Summe Sonderabschreibung nach § 7b EStG (zu erfassen in Zeile 33 der Anlage EÜR)	113 −		,
12	Summe AfA	114 −		,
13	Summe Abgänge (zu erfassen in Zeile 37 der Anlage EÜR)	115 −		,
14	Summe Buchwerte am Ende des Gewinnermittlungszeitraums	116 =		,
	Andere (z. B. grundstücksgleiche Rechte)			
15	Summe Anschaffungs-/Herstellungskosten/Einlagewerte	120		,
16	Summe Buchwerte zu Beginn des Gewinnermittlungszeitraums	121		,
17	Summe Zugänge	122 +		,
18	Summe AfA	124 −		,
19	Summe Abgänge (zu erfassen in Zeile 37 der Anlage EÜR)	125 −		,
20	Summe Buchwerte am Ende des Gewinnermittlungszeitraums	126 =		,
	Summe			
21	Summe AfA aller Grundstücke/grundstücksgleichen Rechte (Summe der Zeilen 12 und 18; Übertrag in Zeile 30 der Anlage EÜR)	190		,

2023AnlAVEÜR811 - August 2023 - 2023AnlAVEÜR811

- 2 -

Häusliches Arbeitszimmer

Anteil Grund und Boden

Zeile		Kennzahl	EUR	Ct
22	Summe Anschaffungs-/Herstellungskosten/Einlagewerte	200		
23	Summe Buchwerte zu Beginn des Gewinnermittlungszeitraums	201		
24	Summe Zugänge	202 +		
25	Summe Abgänge (zu erfassen in Zeile 37 der Anlage EÜR)	205 –		
26	Summe Buchwerte am Ende des Gewinnermittlungszeitraums	206 =		

Gebäudeteil

Zeile		Kennzahl	EUR	Ct
27	Summe Anschaffungs-/Herstellungskosten/Einlagewerte	210		
28	Summe Buchwerte zu Beginn des Gewinnermittlungszeitraums	211		
29	Summe Zugänge	212 +		
30	Summe AfA (zu erfassen in Zeile 63 der Anlage EÜR)	214 –		
31	Summe Abgänge (zu erfassen in Zeile 37 der Anlage EÜR)	215 –		
32	Summe Buchwerte am Ende des Gewinnermittlungszeitraums	216 =		

Immaterielle Wirtschaftsgüter

(z. B. erworbene Firmen-, Geschäfts- oder Praxiswerte)

Zeile		Kennzahl	EUR	Ct
33	Summe Anschaffungs-/Herstellungskosten/Einlagewerte	320		
34	Summe Buchwerte zu Beginn des Gewinnermittlungszeitraums	321		
35	Summe Zugänge	322 +		
36	Summe AfA (Übertrag in Zeile 31 der Anlage EÜR)	324 –		
37	Summe Abgänge (zu erfassen in Zeile 37 der Anlage EÜR)	325 –		
38	Summe Buchwerte am Ende des Gewinnermittlungszeitraums	326 =		

Bewegliche Wirtschaftsgüter (ohne GWG)

Kraftfahrzeuge

Zeile		Kennzahl	EUR	Ct
39	Summe Anschaffungs-/Herstellungskosten/Einlagewerte	400		
40	Summe Buchwerte zu Beginn des Gewinnermittlungszeitraums	401		
41	Summe Zugänge	402 +		
42	Summe Sonderabschreibung nach § 7g Abs. 5 und 6 EStG	403 –		
43	Summe AfA	404 –		
44	Summe Abgänge (zu erfassen in Zeile 37 der Anlage EÜR)	405 –		
45	Summe Buchwerte am Ende des Gewinnermittlungszeitraums	406 =		

Büroausstattung

Zeile		Kennzahl	EUR	Ct
46	Summe Anschaffungs-/Herstellungskosten/Einlagewerte	410		
47	Summe Buchwerte zu Beginn des Gewinnermittlungszeitraums	411		
48	Summe Zugänge	412 +		
49	Summe Sonderabschreibung nach § 7g Abs. 5 und 6 EStG	413 –		
50	Summe AfA	414 –		
51	Summe Abgänge (zu erfassen in Zeile 37 der Anlage EÜR)	415 –		
52	Summe Buchwerte am Ende des Gewinnermittlungszeitraums	416 =		

2023AnlAVEÜR812

2023AnlAVEÜR812

- 3 -

Zeile		Kz.	EUR	Ct
	Andere			
53	Summe Anschaffungs-/Herstellungskosten/Einlagewerte	420		
54	Summe Buchwerte zu Beginn des Gewinnermittlungszeitraums	421		
55	Summe Zugänge	422 +		
56	Summe Sonderabschreibung nach § 7g Abs. 5 und 6 EStG	423 –		
57	Summe AfA	424 –		
58	Summe Abgänge (zu erfassen in Zeile 37 der Anlage EÜR)	425 –		
59	Summe Buchwerte am Ende des Gewinnermittlungszeitraums	426 =		
	Summe			
60	Summe Sonderabschreibung nach § 7g Abs. 5 und 6 EStG aller beweglichen Wirtschaftsgüter (Summe der Zeilen 42, 49 und 56; zu erfassen in Zeile 33 der Anlage EÜR)	480		
61	Summe AfA aller beweglichen Wirtschaftsgüter (Summe der Zeilen 43, 50 und 57; Übertrag in Zeile 32 der Anlage EÜR)	490		
	Sammelposten aus 2023			
62	Bildung	432		
63	Auflösungsbetrag	434 –		
64	Buchwert am Ende des Gewinnermittlungszeitraums	436 =		
	Sammelposten aus 2022			
65	Anschaffungs-/Herstellungskosten/Einlagewert	440		
66	Buchwert zu Beginn des Gewinnermittlungszeitraums	441		
67	Auflösungsbetrag	444 –		
68	Buchwert am Ende des Gewinnermittlungszeitraums	446 =		
	Sammelposten aus 2021			
69	Anschaffungs-/Herstellungskosten/Einlagewert	450		
70	Buchwert zu Beginn des Gewinnermittlungszeitraums	451		
71	Auflösungsbetrag	454 –		
72	Buchwert am Ende des Gewinnermittlungszeitraums	456 =		
	Sammelposten aus 2020			
73	Anschaffungs-/Herstellungskosten/Einlagewert	460		
74	Buchwert zu Beginn des Gewinnermittlungszeitraums	461		
75	Auflösungsbetrag	464 –		
76	Buchwert am Ende des Gewinnermittlungszeitraums	466 =		
	Sammelposten aus 2019			
77	Anschaffungs-/Herstellungskosten/Einlagewert	470		
78	Buchwert zu Beginn des Gewinnermittlungszeitraums	471		
79	Auflösungsbetrag	474 –		
	Summe			
80	Summe Auflösungsbeträge (Summe der Zeilen 63, 67, 71, 75, 79; Übertrag in Zeile 36 der Anlage EÜR)	499		

2023AnlAVEÜR813 2023AnlAVEÜR813

- 4 -

Finanzanlagen

Anteile an Unternehmen etc., für deren Erträge das Teileinkünfteverfahren bzw. § 8b KStG gilt

Zeile		Kz.	EUR	Ct
81	Summe Anschaffungs-/Herstellungskosten/Einlagewerte	500		,
82	Summe Buchwerte zu Beginn des Gewinnermittlungszeitraums	501		,
83	Summe Zugänge	502 +		,
84	Summe Abgänge (zu erfassen in Zeile 37 der Anlage EÜR)	505 –		,
85	Summe Buchwerte am Ende des Gewinnermittlungszeitraums	506 =		,

Andere

Zeile		Kz.	EUR	Ct
86	Summe Anschaffungs-/Herstellungskosten/Einlagewerte	510		,
87	Summe Buchwerte zu Beginn des Gewinnermittlungszeitraums	511		,
88	Summe Zugänge	512 +		,
89	Summe Abgänge (zu erfassen in Zeile 37 der Anlage EÜR)	515 –		,
90	Summe Buchwerte am Ende des Gewinnermittlungszeitraums	516 =		,

Umlaufvermögen

i. S. d. § 4 Abs. 3 Satz 4 EStG (z. B. Wertpapiere, Grund und Boden sowie Gebäude) bzw. § 32b Abs. 2 Satz 1 Nr. 2 Satz 2 Buchstabe c EStG

Zeile		Kz.	EUR	Ct
91	Summe Anschaffungs-/Herstellungskosten/Einlagewerte	600		,
92	Summe Zugänge	602 +		,
93	Summe Abgänge (zu erfassen in Zeile 26 der Anlage EÜR)	605 –		,
94	Summe Buchwerte am Ende des Gewinnermittlungszeitraums	606 =		,

2023AnlAVEÜR814 2023AnlAVEÜR814

4 Anlage Ermittlungen der nicht abziehbaren Schuldzinsen zur Anlage EÜR

2023

Name des Steuerpflichtigen

Vorname

Anlage SZ
zur Einnahmen-überschussrechnung

(Betriebs-)Steuernummer

Ermittlung der nicht abziehbaren Schuldzinsen für Einzelunternehmen

I. Ermittlung des maßgeblichen Gewinns/Verlusts für Zwecke des § 4 Abs. 4a EStG 43

Zeile		Kz.		EUR	Ct
4	Betriebseinnahmen (Übertrag aus Zeile 22 der Anlage EÜR)				
5	abzüglich Betriebsausgaben (Übertrag aus Zeile 72 der Anlage EÜR)		–		
6	zuzüglich steuerfreie Gewinne, die nicht in der Anlage EÜR enthalten sind	151	+		
7	abzüglich nicht abziehbare Betriebsausgaben[1]	152	–		
8	zuzüglich Gewinne bzw. abzüglich Verluste aus Beteiligungen an vermögensverwaltenden Personengesellschaften und abzüglich Ergebnisanteile aus Kostenträgergemeinschaften (in Zeile 91 der Anlage EÜR enthalten)	153	+/–		
9	zuzüglich Veräußerungs-/Aufgabegewinn bzw. abzüglich Veräußerungs-/Aufgabeverlust und zuzüglich Hinzu- bzw. abzüglich Abrechnungen beim Wechsel der Gewinnermittlungsart[2]	154	+/–		
10	**Maßgeblicher Gewinn/Verlust für Zwecke des § 4 Abs. 4a EStG** (in Zeile 12 eintragen)		=		

II. Ermittlung der Über-/Unterentnahmen

Zeile		Kz.		EUR	Ct
11	Entnahmen (Übertrag aus Zeile 106 der Anlage EÜR)	100	+		
12	abzüglich Gewinn/zuzüglich Verlust (Betrag aus Zeile 10)		–/+		
13	Einlagen (Übertrag aus Zeile 107 der Anlage EÜR)	210	–		
14	**Über-/Unterentnahme des laufenden Wirtschaftsjahres**		=		
15	zuzüglich Über-/abzüglich Unterentnahmen der vorangegangenen Wirtschaftsjahre (Betrag aus Zeile 16 der Anlage SZ des Vorjahres)	315	+/–		
16	**Kumulierte Über-/Unterentnahmen**		=		

III. Ermittlung des Entnahmenüberschusses

Zeile		Kz.		EUR	Ct			EUR	Ct
17	Entnahmen des laufenden Wirtschaftsjahres (Betrag aus Zeile 11)								
18	Entnahmen der vorangegangenen Wirtschaftsjahre (Betrag aus Zeile 19 der Anlage SZ des Vorjahres)	325	+						
19	**Kumulierte Entnahmen**		=			▶			
20	Einlagen des laufenden Wirtschaftsjahres (Betrag aus Zeile 13)								
21	Einlagen der vorangegangenen Wirtschaftsjahre (Betrag aus Zeile 22 der Anlage SZ des Vorjahres)	335	+						
22	**Kumulierte Einlagen**		=			▶	–		
23	**Kumulierter Entnahmenüberschuss**						=		

2023AnlSZ821 - August 2023 - 2023AnlSZ821

- 2 -

IV. Nicht abziehbare Schuldzinsen

Zeile			EUR	Ct
24	**6 Prozent des niedrigeren Betrags aus Zeile 16 oder 23** (Ergibt sich in Zeile 16 oder 23 ein negativer Betrag, ist hier der Wert „0" einzutragen.)			
25	Übrige Schuldzinsen (Übertrag aus Zeile 54 der Anlage EÜR)			
26	Korrekturbetrag zu den übrigen Schuldzinsen (siehe Anleitung zur Anlage EÜR)	405 –		
27	Kürzungsbetrag gem. § 4 Abs. 4a Satz 4 EStG	–	2 050	00
28	**Höchstbetrag der nicht abziehbaren Schuldzinsen** (Ergibt sich ein negativer Betrag, ist hier der Wert „0" einzutragen.)	=		

V. Hinzurechnungsbetrag nach § 4 Abs. 4a EStG

Zeile		EUR	Ct
29	**Niedrigerer Betrag aus Zeile 24 oder 28** (Übertrag in Zeile 96 der Anlage EÜR)		

1) Nicht abziehbare Betriebsausgaben sind den Zeilen 60 bis 64, 69 (abzüglich Zeile 70) und ggf. Zeile 71 der Anlage EÜR zu entnehmen.
2) Hinzu- und Abrechnungen beim Wechsel der Gewinnermittlungsart sind der Zeile 89 der Anlage EÜR zu entnehmen.

2023AnlSZ822 2023AnlSZ822

5 Muster eines Bewirtungsbelegs

Bewirtungsbeleg

Tag der Bewirtung: 18. Februar 2012	**Ort der Bewirtung:** Zum Goldenen Anker Musterstadt
Bewirtete Personen:	
Kurt Kunde	
Karoline Kundin	
Petra Beispiel	
Lothar Lieferant	
Felix Freelancer	
Max Mustermann (Gastgeber)	
Anlass der Bewirtung:	
Relaunch Kunde-online.de I/2012	
Art der Aufwendungen:	
☒ Bewirtung in einer Gaststätte gemäß beigefügter Rechnung	☐ gemäß beigefügten Lieferantenrechnungen / Einkaufsbelegen
Rechnungsbetrag:	
......185,27.......... **Euro**	
Ort, Datum:	**Unterschrift:**
Musterstadt, 18.2.2012	Max Mustermann

6 Beispiel eines Fahrtenbuchs

Datum	Reiseroute und Ziel	Zweck der Fahrt	km-Stand Fahrtbeginn	Gefahrene km betrieblich	Gefahrene km Wohnung/Arbeit	Gefahrene km privat	km-Stand Fahrtende

7 ABC der Kosten für ein häusliches Arbeitszimmer

Gegenstand	Kosten des häuslichen Arbeitszimmers oder seiner Ausstattung	Arbeitsmittel
Abfalleimer, Papierkorb		☑
Abschreibungen	☑	
Aktenvernichter		☑
Anrufbeantworter		☑
Deckenbeleuchter	☑	
Beistelltisch		☑
Besprechungstisch mit Sitzgruppe		☑
Bilder und Poster	☑	
Blumen und Pflanzen	☑	
Bodenbelag (Parkett, Laminat, Kork, PVC)	☑	
Bücherschrank		☑
Bücherregale		☑
Büro- und Schreibmaterial, Schreibutensilien		☑
Computer (PC) und Periphergeräte (z. B. Drucker, Scanner; aber nur zusammen mit PC)		☑
Diktiergerät		☑
Fachbücher und Fachzeitschriften		☑
Fax		☑
Finanzierungskosten des Gesamtgebäudes (entsprechend Arbeitszimmeranteil)	☑	
Finanzierungskosten für Arbeitsmittel und Einrichtung		☑
Gardinen	☑	
Hauskosten, z. B. Abgaben, Versicherungen, Müllabfuhr, Nebenkosten, Verwaltung (entsprechend Arbeitszimmeranteil)	☑	
Hausratsversicherung (entsprechend Arbeitszimmeranteil)	☑	
Heizungskosten (entsprechend Arbeitszimmeranteil)	☑	
Jalousien	☑	
Kalender, Zeitplaner		☑
Kopierer/Zubehör		☑
Laptop		☑
Leasingraten, z. B. für Kopierer		☑

Gegenstand	**Kosten des häuslichen Arbeitszimmers oder seiner Ausstattung**	**Arbeitsmittel**
Miete für Wohnung einschließlich Mehrwertkosten	☑	
Monitor für den PC (nur zusammen mit dem PC absetzbar)		☑
USB-Stick für den PC		☑

Autorenverzeichnis

Anna Neuhäuser, B.A.

Steuerberaterin, Fachberaterin für das Gesundheitswesen (DStV e. V.). Fachberaterin für Unternehmensnachfolge (DStV e.V.). Studium des Steuerrechts in Düsseldorf. Schwerpunkte ihrer beruflichen Tätigkeit liegen u. a. in der betriebswirtschaftlichen und steuerlichen Betreuung von heilberuflich tätigen Freiberuflern. Ferner berät sie bei Umstrukturierungen, wie beispielsweise der Gründung von Medizinischen Versorgungszentren. Seit 2015 ist sie bei der VPMED Kuhnert, Vloet & Partner mbB tätig.